前　言

习近平总书记在党的二十大报告中强调，"加强城市基础设施建设，打造宜居、韧性、智慧城市"。随着信息技术的飞速发展，智慧社区作为现代城市发展的高级形态，正在逐步改变着人们的生活方式。然而，智慧社区建设并非一蹴而就，其涉及多方面的技术和管理挑战。因此，如何构建科学合理的协同治理机制，确保智慧社区能够高效运行、服务优化以及持续发展，成为亟待解决的问题，本书正是围绕这一核心议题展开，旨在深入剖析智慧社区协同治理的理论框架与实践路径，为城市社会治理现代化提供新的视野与策略。

在理论层面，本书开篇即从智慧社区兴起的背景出发，分析了在全球化、城镇化与数字化相互交织的时代背景下，社区治理如何借助信息技术的力量，实现向智能化、高效化的转型。然后，通过对国内外研究文献的综述，全面构建出智慧社区协同治理的研究脉络。接着，系统性地整合了智慧社区协同治理的理论基础与核心概念，为智慧社区的理论框架奠定了坚实的基础。智慧社区的定义融入了新的时代内涵，强调信息技术与社区治理理念的深度融合，并凸显社区作为城市治理基本单元在智慧城市建设中的关键作用。通过解析智慧社区建设的四大支柱——核心技术、业务场景、运营模式与创新结构，及其协同治理的五大要素——主体、客体、工具、方式与保障，本书构建了智慧社区建设的理论模型，旨在为实践操作提供理论指导，为政策制定提供理论依据。

在实践层面，本书通过选取国内外智慧社区建设的典型案例，深入剖析各地区在智慧社区协同治理方面的成功经验和创新模式。其中，国外案例包括新加坡的政府引导与社区自治相结合、韩国的技术驱动与社区参与相结合、荷兰的开放合作与可持续创新、日本的政社合作与人文关怀。这些案例不仅展示了不同国家智慧社区建设的多元化路径，同时也揭示了智慧社区建设的共通原则。国内案例则包括深圳南山区的"一核多元"治理模式、成都成华区的"五朵金花"项目、合肥包河区的"产业化运作＋平台支撑"模式和徐州鼓楼区的"多元共融"治理模式。这些案例展示了不同地区在智慧社区建设中的积极探索，如政社协同治理、政企合作、多方参与等，为智慧社区建设提供了宝贵的实践经验。通过国内外典型案例的比较分析，本书总结出智慧社区协同治理需要政府主导、多元主体参与、信息技术支撑等关键要素，以促进社区治理的智能化、精细化和高效化。同时，也指出了智慧社区协同治理面临的挑战，如资源整合、技术应用、信息安全等问题，为今后智慧社区建设提供了重要的参考和启示。

在深度探讨智慧社区协同治理的理论与实践之后，本书并未止步于理论阐释，而是进一步提出了应对挑战的策略和建议。面对资源整合的难题，强调构建跨部门、跨领域的合作机制，并通过政策激励促进资源的有效整合。在技术应用层面，建议增加技术研发的投入，加强社区管理者和技术人员的专业培训，确保技术的应用能够紧密契合社区治理的实际需求。对于信息安全问题，呼吁制定完善的数据保护法规，加强数据加密和隐私保护技术，并增强居民的信息安全意识及自我防护能力。特别地，本书强调居民参与的重要性，认为智慧社区的建设不仅是技术的堆砌，更应以人为本，确立居民在社区治理中的主体地位。通过建立便捷的参与渠道，如社区App、在线议事平台等，鼓励居民便捷地反馈意见、参与决策，形成社区治理的良性互动。为了确保智慧社区治理的长期可持续性，研究还建议构建一个包含评估、反馈和持续优化机制在内的闭环管理系统，以保障治理效果和居民满意度的持续提升。

综上，本书旨在通过理论和实践的深入剖析，为智慧社区协同治理提供了全面的理论指导和具体的实践策略，以期推动我国智慧社区建设走向更加科学、高效和可持续的发展道路。

目　录

绪　论…………………………………………………………………1
 第一节　选题缘起………………………………………………1
 第二节　国内外研究综述………………………………………11

第一章　核心概念与理论基础…………………………………………29
 第一节　核心概念………………………………………………29
 第二节　理论基础………………………………………………38

第二章　智慧社区及其协同治理的主要内容…………………………55
 第一节　智慧社区建设的主要内容……………………………55
 第二节　智慧社区协同治理的主要内容………………………78

第三章　智慧社区协同治理的实践案例………………………………87
 第一节　国外典型案例分析……………………………………87
 第二节　国内典型案例分析……………………………………116
 第三节　案例经验总结…………………………………………160

第四章　我国智慧社区协同治理的现状与挑战……………………167
 第一节　我国智慧社区协同治理的典型模式…………………167
 第二节　我国智慧社区协同治理的主要挑战…………………180

第五章　智慧社区协同治理的机制与策略·················201

　　第一节　智慧社区协同治理的机制构建·················201

　　第二节　智慧社区协同治理的策略选择·················208

参考文献·················229

后　记·················237

绪　论

在信息技术迅猛发展和国家政策积极推动的背景下，智慧社区作为智慧城市的基本组成部分，已成为提高居民生活品质和社区治理效率的关键因素。本部分将深入探讨信息技术在社区治理中的具体应用，并解释如何运用大数据、云计算、物联网和人工智能等技术手段，推动社区服务向数字化、网络化和智能化方向发展。同时，本部分将回顾国家政策对智慧社区发展的支持，以及这些政策如何促进社区治理现代化的进程。通过全面解析智慧社区协同治理理论与实践意义，为理解智慧社区在当代和未来社会治理中的角色与潜力提供广阔的视角。此外，本部分将概述国内外在智慧社区协同治理领域的研究现状，为后续的理论探讨和实践分析奠定坚实的知识基础。

第一节　选题缘起

1978 年改革开放以后，我国传统的计划经济体制向社会主义市场经济体制转型，单一的国有企业、集体企业模式被多种所有制形式所取代。同时，我国城市社会组织方式由"单位制社会"向"社区制社会"转变，社区建设在社会建设中的地位逐步上升，社区治理已经成为当前城市社会治理的重要组成部分。2019 年 10 月，党的十九届四中全会提出，"坚持和完善共建共治共享的社会治理制度，保持社会稳定、维护国家安全"①，必须加强和创新社会治理，完善党委领导、政府负责、民主协商、社会协同、公众参与、法治保障、科技支撑的社会治理体系，建设人人有责、人人尽责、人人享有的社会治理共同体。2024 年 4 月，习近平总书记在重庆考察调研时指出，"中国式现代化，民生为大。党和政府的一切工作，都是为了老百姓过上更加幸福的生活"。因此，在国家治理现代化战略的大背景下，以大数据、互联网、物联网、5G、人工智能、数字孪生、区块链等为代表的"新型基础设施建设"所引爆的智慧治理时代已经到来，并且正在推动基层智慧社区建设。

一、研究背景

在全球化、工业化、城镇化和网络化的叠加影响下，我国正在经历一场复杂的社会转型。这些变化在城市社会治理领域尤为明显，带来了诸多挑战和机遇。社区治理作为城市治理的重要基础，其运作效率和治理效果直接关系到居民的日常生活和幸福感。

（一）信息技术的发展与应用

信息技术自诞生以来，历经计算机技术初步应用的阶段，迈向互联网时代的飞速发展，如今已进入大数据、云计算、物联网、人工智能等新一代信息技术深度融合的新时代。早期，信息技术主要应用于数据处理与信息交换，极大地提高了工作效率。进入 21 世纪，互联网的普及开启了信息共享的新时代，大数据和云计算的出现使信息处理能力达到前所未有的高度，物联网技术则实现了物理世界与数字世界的无缝连接，人工智能技术赋予了机器以自主学习与决策的能力。当前，信息技术的核心特征体现在数据驱动、跨界

---

① 中共中央关于坚持和完善中国特色社会主义制度、推进国家治理体系和治理能力现代化若干重大问题的决定［M］.北京：人民出版社，2019:28.

融合、智能服务等方面，已成为推动社会经济发展的关键力量。智慧社区作为智慧城市的基本单元，其应用前景展现了信息技术进步的巨大潜力。在社区治理中，智慧技术通过大数据和人工智能整合并分析社区内的各类数据资源，为管理者提供精准的决策支持，实现资源配置优化和服务效率提升。物联网技术的应用使社区基础设施实现智能化管理，传感器网络实时收集环境数据，一旦发现异常立即触发预警并自动调度资源进行处理，保障社区环境安全与舒适。智慧社区还能根据居民需求和习惯提供个性化服务方案，显著提升生活品质和满意度。这些创新不仅改变了技术层面，更深刻影响了社区治理方式和居民生活，为构建更加智能、高效、绿色和和谐的社区奠定了坚实基础。

（二）国家政策的推动与支持

城市社区自1986年民政部首次引入社区概念起，经过了近四十年的持续推进，已逐步形成较为完备的社区建设体系和社区治理体系，推动了城市经济的快速发展，并逐步改变了城市社会结构。随着居民对社区治理与服务期望的不断提高，他们更希望获得更多高效的政府服务。在信息经济迅速发展的背景下，人们对于健康社区环境和生态社区环境的需求持续增加，基于云技术以及大数据等智能手段，我国智慧社区逐步发展，并得到了国家高层的认可和支持。智慧社区是城市精细化治理的"最后一公里"，作为智慧城市的基本单元，为居民提供精准化、精细化服务的基础性工程，直接影响着人民群众的安全感、体验感和获得感。《中华人民共和国国民经济和社会发展第十四个五年规划和2035年远景目标纲要》明确提出，要推进智慧社区建设，依托社区数字化平台和线下社区服务机构，建设便民惠民智慧服务圈，提供线上线下融合的社区生活服务、社区治理及公共服务、智能小区等服务。为推进智慧社区建设，国家出台了一系列政策文件，为智慧社区建设提供了指导和支持。具体可参考下表 X-1 所示。

表 X-1 我国智慧社区建设的政策背景表

时间	部门	政策文件	相关内容
2011 年 12 月	国务院办公厅	《社区服务体系建设规划（2011—2015 年）》	社区信息化的具体实施要求；推进社区智能化建设的基础配套设施完善推进，提升居民的使用能力与适应能力
2012 年 12 月	住建部	《关于开展国家智慧城市试点工作的通知》	智慧社区已成为智慧城市体系的一个组成部分
2013 年 5 月	科技部	《国家高新技术产业开发区创新驱动战略提升行动实施方案》	引入物联网技术、云计算技术，将其与智慧社区建设相融合
2013 年 10 月	民政部等	《关于推进社区公共服务综合信息平台建设的指导意见》	立足公共信息层面，总结了信息资源应用，做到了资源保障性发展
2014 年 5 月	住建部	《智慧社区建设指南（试行）》	为地方智慧社区建设发展提出指导与要求，构建了评价体系
2016 年 12 月	民政部等	《城乡社区服务体系建设规划（2016—2020 年）》	就智慧社区建设构建了"互联网+"模式，深化了社区服务范围，强化了社区智能化配套设施，打造了环境好、服务好、设施好的新型社区环境
2017 年 6 月	中共中央、国务院	《关于加强和完善城乡社区治理的意见》	为推进智慧社区信息化建设，需要积极开发移动客户服务功能，让服务提供者与社区居民之间实现良好的互动

时间	部门	政策文件	相关内容
2018 年 12 月	国家发改委、中央网信办	《新型智慧城市评价指标（2018）》	增加了智慧社区评估指标，并将"城市惠民"能力纳入评估体系中
2020 年 4 月	国家发展改革委	《2020 年新型城镇化建设和城乡融合发展重点任务》	实施新型智慧城市行动，完善城市数字化管理平台和感知系统，打通社区末端、织密数据网络，整合卫生健康、公共安全、应急管理、交通运输等领域信息系统和数据资源，深化政务服务"一网通办"、城市运行"一网统管"，支撑城市健康高效运行和突发事件快速智能响应
2020 年 7 月	住建部办公厅	《智慧城市建筑及居住区第 1 部分：智慧社区建设规范（征求意见稿）》	制定了公共服务模板，让智慧社区工作开展有程序、有规范，有章法
2021 年 3 月	全国人大	《中华人民共和国国民经济和社会发展第十四个五年规划和 2035 年远景目标纲要》	该纲要提出，加快数字社会建设步伐，适应数字技术全面融入社会交往和日常生活新趋势，以数字化助推城乡发展和治理模式创新，分级分类推进新型智慧城市建设，推进市政公用设施、建筑等物联网应用和智能化改造，推进智慧社区建设

时间	部门	政策文件	相关内容
2021 年 7 月	商务部办公厅、发展改革委办公厅、民政部办公厅、财政部办公厅、人力资源和社会保障部办公厅、自然资源部办公厅、住房和城乡建设部办公厅、文化和旅游部办公厅、市场监管总局办公厅、银保监会办公厅、邮政办公室	《城市一刻钟便民生活圈建设指南》	提出到 2025 年，通过打造"百城千圈"，建设一批布局合理、业态齐全、功能完善、智慧便捷、规范有序、服务优质、商居和谐的城市便民生活圈。推动新技术新业态新模式在便民生活圈应用场景更加广泛，线上线下深度融合，数字化转型进度加快
2021 年 12 月	国务院	《"十四五"数字经济发展规划》	提出了要加大数字生活产品供给，提升群众生活便利性和幸福感，第一条就是发展智慧社区。打通信息惠民"最后一公里"
2022 年 1 月	国务院办公厅	《"十四五"城乡社区服务体系建设规划》	规划提出，到 2025 年年末，社区线上线下服务机制更加融合，精准化、精细化、智能化水平持续提升。从完善服务格局、增强服务供给、提升服务效能、加快数字化建设、加强人才队伍建设等方面作出部署，明确了城乡社区综合服务设施覆盖率等 7 个方面的主要指标，确定了新时代新社区新生活服务质量提升行动等 4 项行动计划，以及服务设施补短板工程 1 个重大工程

时间	部门	政策文件	相关内容
2022年5月	民政部、中央政法委、网信办、发展改革委、工业和信息化部、公安部、财政部、住房城乡建设部、农业农村部	《关于深入推进智慧社区建设的意见》	强调了智慧社区在应用大数据、云计算、人工智能等信息技术手段整合社区服务资源方面的重要性，旨在提升城乡社区治理服务的智慧化和智能化水平
2023年11月	国家发改委	《城市社区嵌入式服务设施建设工程实施方案》	旨在通过在城市社区（小区）公共空间嵌入功能性设施和适配性服务，推动优质普惠公共服务下基层、进社区，更好满足人民群众对美好生活的向往。这个方案特别强调了以人民为中心的发展思想，并提出了分类施策、鼓励创新、健全机制等原则

（三）社区治理现代化的需求

2019年10月，中共十九届四中全会科学地阐述了"中国之治"的思想，确立了"建立社会治理共同体"的目标。在国家治理现代化战略的背景下，以大数据为核心的"新基建"引领了智慧治理的新时代。"以中国式现代化全面推进强国建设、民族复兴伟业，是新时代新征程党和国家的中心任务，是新时代最大的政治。"①互联网、物联网、5G、人工智能、数字孪生以及区块链等新兴技术正在推动着基层智慧社区的建设。智慧社区建设作为中国式现代化

---

① 习近平. 在全国政协新年茶话会上的讲话［N］. 人民日报，2023-12-30 (002).

进程中的重要一环，以数字化、智能化为手段，整合社区服务资源，提升居民生活品质，推动社区治理体系和治理能力现代化。在社会发展已经步入新时代的大环境下，人们的需求和社会的主要矛盾都发生了相应的变化。我国长期存在的物质需求与落后社会生产之间的矛盾基本得以解决，满足人们日益增长的精神需求成为当前的首要任务。简言之，在当今社会，人们更加渴望幸福感和归属感，而社区作为城市生活的基本单元，其发展水平和智能化程度直接影响着人们的精神满足度。目前，我国的智慧社区建设已步入正常的发展轨道，基层自治初见成效，政府与公民之间的沟通日益顺畅。同时，在新的时代背景下，社会治理需要全社会共同努力，因此，智慧社区在现代化治理中发挥着重要作用，主要体现在以下几个方面：一是有助于最大程度地发挥政府的职能；二是进一步丰富协同治理的主体；三是有利于整合优势资源，促进城市社区的协同治理，为解决当今社会的主要矛盾提供更多思路。

二、研究意义

新时代我国社会治理的基本结构是国家主导的、多元主体参与的、多种政策工具协同的复合治理模式，其理论出发点是政党、政府、社会在治理中的相互协作互动。因此对于智慧社区协同治理的研究具有重要意义，主要体现在两个方面。

（一）理论价值

第一，深化协同治理理论，推动智慧社区发展。协同治理理论强调，系统的整体效能取决于各子系统之间的协同运作能力。智慧社区作为社会的基本单元，涵盖了政府、企业、社区自治组织和居民等多个子系统。研究以智慧社区的协同治理为切入点，归纳智慧社区模式和协同治理模式，探讨子系统内部以及相互之间的竞争与协作关系，以维持智慧社区和谐并推动社会发展进步。通过对智慧社区协同治理理论的深入分析，拓展了相关研究领域。在智慧社区的协同治理中，各子系统通过协作与沟通，实现了资源的优化配置和信息的有效流通，从而提高了社区治理的效率和效果。协同治理模式有助于解决社区内部的矛盾和问题，促进社区与外部环境合作，形成社区治理的良性循环。因此，协同治理在智慧社区中的应用，不仅提升了社区治理的效能，也为其他领域的治理提供了借鉴和启示。

第二，拓展社区治理理论，丰富社区治理模式。随着城市的快速发展，传统社区治理模式已无法满足当下的需求，社区治理的主要矛盾已转变为"对美好生活的需求"与"发展不平衡不充分"之间的矛盾。在"新型基础设施建设"迅速推进的背景下，社区治理与发展需要新的理论指引。智慧社区应运而生，依托信息技术构建了全新的社区治理模式，融合了社区协同治理的理论，借助信息技术的创新发展了智慧社区，实现了治理方式的革新，并为智慧社区的发展模式注入了新的活力，从而丰富了相关的研究内容。智慧社区的协同治理模式，充分体现了协同治理的优势。首先，协同治理有助于提高社区治理的精准性。通过信息技术的支持，智慧社区可以实现对社区居民需求的精准识别和响应，提高社区服务的针对性和满意度。其次，协同治理能够提升社区治理的效率。在智慧社区中，各子系统可以通过信息平台实现信息的快速传递和共享，减少信息传递的时间和成本，提高社区治理的效率。最后，协同治理有助于实现社区的可持续发展。通过协同治理，智慧社区可以实现资源的有效利用和环境的优化，推动社区的可持续发展，为居民提供更加美好的生活环境。

（二）实践意义

智慧社区作为新时代信息技术与社区治理深度融合的产物，其协同治理模式不仅在理论上具有前瞻性，而且在实践中展现了巨大的潜力和价值。

第一，推动社区服务体系建设高质量发展。智慧社区协同治理通过整合社区内外的资源，实现服务供给的多样化和个性化。在协同治理模式下，社区党组织、居民、企业、社会组织等多方力量共同参与社区服务的设计和提供，形成了服务需求的快速响应机制。借助大数据、云计算等信息技术，智慧社区能够对居民需求进行精准识别和预测，从而提供更加精细化、个性化的服务。这种模式不仅提高了服务的质量和效率，还通过居民的直接参与，增强了服务的针对性和满意度，真正实现了以人民为中心的发展理念。

第二，提升社区治理的民主性和有效性。智慧社区的协同治理模式打破了传统的管理壁垒，实现了信息的透明化和共享化。在这种模式下，社区居民不再是被动的接受者，而是积极的参与者和共创者。通过社区内的数字化平台，居民可以方便地表达自己的意见和建议，参与到社区决策过程中。这种参与不仅增强了居民的主人翁意识，还提高了社区治理的民主性和科学性。同时，智慧社区的协同治理通过智能化手段，如人工智能、物联网等，实现了对社区运行的实时监控和数据分析，使得社区管理更加高效和精准。

第三，推动社会整体向"善治"①迈进。智慧社区的协同治理模式强调社区的可持续发展，注重社区环境的和谐与居民的幸福指数。通过智能化手段，智慧社区能够更好地解决社区内的矛盾和问

---

① 俞可平认为，善治就是好的治理，也可以理解为越来越好的治理。善治是国家治理现代化的一种理想状态，是实现公共利益最大化的治理活动和治理过程。参见：俞可平. 推进国家治理体系和治理能力现代化 [J]. 前线，2014,(1):5-8+13.

题，如环境保护、交通管理、安全监控等，提升社区的整体居住品质。同时，智慧社区的协同治理还鼓励居民参与到社区文化的建设和传承中，通过举办各种文化活动，增强社区的凝聚力和向心力。这种模式不仅促进了社区内部的和谐发展，还为整个社会的"善治"提供了有益的探索和实践。

总而言之，智慧社区协同治理提升了社区服务质量和效率，推动社区治理的民主化、科学化，促进了社区和社会的和谐发展。通过协同治理，智慧社区为居民提供了更加宜居、宜业的环境，为社区治理提供了新的思路和方法，为实现社会的整体"善治"奠定了坚实的基础。随着技术的不断进步和治理理念的不断创新，智慧社区的协同治理模式将继续在实践中展现出更大的活力和潜力。

第二节　国内外研究综述

全面分析国内外智慧社区协同治理领域的研究进展，对于理论的深入和实践策略的构建至关重要。从国际视角来看，智慧社区协同治理的研究呈现出多样化和深入性的特点。学者们从信息技术应用、治理机制创新、政策法规支持等多个角度出发，探讨了智慧社区协同治理的理论框架和实践路径。在国内，随着国家对智慧城市与社区治理的高度关注，智慧社区协同治理的理论研究和实践探索也日益丰富，形成了一系列具有中国特色的理论体系。通过对这些文献的综合分析，不仅能够揭示智慧社区协同治理的发展趋势与面临的挑战，同时也能为我国智慧社区协同治理的创新发展提供理论依据与政策建议。

一、国外研究综述

（一）关于社区治理的研究

1. 有关社区权力结构的研究内容

社区行动与社区权力有很大关系[①]。社区权力研究是城市社区研究的重要内容，权力构成、权力运行直接影响了社区治理的成果[②]。林德夫妇（Robert and Helen Lynd）（1976）对美国米德尔敦（中镇）进行了跟踪性调查，总结了小区内部日常生活情况，还讨论了小区治理现状、小区权力的影响因素，总结了社区权力是社区结构的影响因素[③]。还有学者发现社区成员经济活动影响了社区内部阶层化管理。Floyd Hunter（1953）研究了社区权力结构与成员经济水平有直接关系，研究还形成了社区权力结构模型。后来学者亨特又对美国亚特兰大市的发展情况展开研究，城市社区改变与发展与上层精英决策有直接关系，上层决策者人员少，但是他们却掌握了很大的社区权力，甚至垄断社区的某些生活领域。[④]

2. 有关社区治理主体的研究内容

参考社区治理民众参与研究成果看，最早使用了协同治理理念的，则是国外学者 Donahue（2004）研究，提出了协同治理就是多主体协同处理事务的过程[⑤]。大卫·希尔斯（David Sills）表示居民

---

① Richard Smith. Community Power and Decision Making: A Replication and Extension of Hawley [J]. *American Sociological Review*,1976,41(4):691-705.

② 朱喜群. 国外城市社区权力研究的理论观察 [J]. 国外社会科学，2018(2):28-35.

③ ［美］R.S. 林德，H.M. 林德. 米德尔敦：当代美国文化研究 [M]. 盛学文等译，北京：商务印书馆，1999:32.

④ Floyd Hunter. Community Power Structure: A Study of Decision Makers [J]. *American Ant hropologist*,1953,57(4):917-918.

⑤ Donahue John, On Collaborative Governance. [J]. *John F.Kennedy School of Governemnt*,Havard University,2004(2).

愿意参与到治理活动中，主要是看公民是否有责任感或义务感，只有具备了这些因素才能提升居民主观积极性。① 同时，在社区治理主体中还有一些非政府组织，Suleiman L（2013）表示在治理活动中非政府组织发挥了重要功能，更是不可忽视的重要主体之一，它可以推进社区民主化发展，也能够规避单一治理主体滥用权力的情况②。非政府组织围绕成员的共同利益展开了跨部门合作，从而营造了良好的社区伙伴关系③。在社区治理中，对于政府承担的角色，不少学者提出了看法，戴维·奥斯本与特德·盖布勒（2006）表示，在治理活动中，政府不再是执行者，而是引导者，它应该将更多的权力下放给社区，让社区自己决定如何治理内部事务，提高社区的治理能力④。帕特南（2014）表示政府应该鼓励除了政府之外的其他力量也参与到治理活动中，从而提升民主治理与社区自治的能力⑤。

3. 关于社区治理体系的研究

Donahue（2008）指出，协同治理的基础是共同目标。基于这一前提，政府部门、公益组织、私营企业和公民等主体为了实现共同目标而协同运作。⑥Sørensen E（2005）认为，社区治理的内涵是

---

① David Sills. Creating Good Communities and Good Societies ［J］. *Contemporary Sociology*,1966,29(1):29-42.

② Suleiman L. The NGOs and The Grand Illusions of Development and Democracy ［J］. *International Journal of Voluntary and Nonprofit Organizations*,2013,24(1):241-261.

③ Mitchell S M, Shortell S M. The Governance and Management of Effective Community Health Partnerships: A Typology for Research, Policy, and Practice ［J］. *Milbank Quarterly*, 2000, 78(2): 241-289.

④ ［美］戴维·奥斯本，特德·盖布勒.改革政府［M］.周敦仁译,上海：上海译文出版社，2006:63.

⑤ ［美］罗伯特·D.帕特南.流动中的民主政体：当代社会中社会资本的演变［M］.李筠，王路遥，张会芸译.北京：社会科学文献出版社，2014:10.

⑥ Donahue, John D., and Richard J. Zeckhauser, 'Public - Private Collaboration'［J］, in Robert Goodin, Michael Moran, and Martin Rein (eds), The Oxford Handbook of Public Policy. *Public administration*, 2009, 87(2): 412-416.

在特定区域内，政府与社区组织、社区居民共同管理公共事务的活动。①Box 等（1998）学者进一步指出，社区治理包括公民、选举代表和公共服务职业者在制定和执行社区公共政策中的所有活动，其最终目标是实现公民治理。② 尽管学者们对社区治理的表述存在差异，但其核心内涵是一致的。国外研究强调，社区协同治理需要政府、社会组织、企业和公民等多个利益主体的参与。这些主体在共同利益的驱动下，以协同合作的方式参与治理，通过提升治理效能来增加公共利益。因此，社区协同治理理论认为，治理主体是多元化的，除政府外，社会组织、企业和公民都可以成为治理主体。这一理论与智慧社区建设的理念相吻合。

（二）关于智慧社区的研究

通过智慧社区的发展过程看，最早提出智慧社区概念是在1990 年。当时在美国旧金山还专门召开了以"智慧城市全球网络"为主题的国际会议，并以此引发了智慧社区的讨论，后来发展至2009 年美国 IBM 公司又在此基础上提出了智慧地球的理念。随之而来，世界各个国家和城市开始逐步推广智慧城市、智慧社区的建设。Paskaleva，K. A（2009）认为，"智慧城市是基于电子信息技术推动发展起来的，它整合了相关城市治理的内容，如：智慧转型的电子政府、智慧转型的社区治理等等，这些都是智慧城市的重要组成"。③ N. Komninos 提出了智慧城市建设标准，并强调了应该

---

① Sørensen E, Torfing J. Network governance and post-liberal democracy [J]. *Administrative theory & praxis*, 2005, 27(2): 197-237.

② Box R C. *Citizen governance: Leading American communities into the 21st century* [M]. SAGE Publications, Incorporated, 1998.

③ Paskaleva,K.A.Enabling the Smart City: the Progress of City E-Governance in Europe [J]. *International Journal of Innovation and Regional Development*,2009,4.

与工业、信息产业相融合，从而形成现代化的产业体系[①]。

1. 关于智慧社区建设内容的研究

列奥尼·达安索普洛斯、帕诺斯·菲帝斯列斯（2009）表示构建智慧社区能够满足公众的需求，减少服务等候时间，可以将一些新技术植入到智慧社区系统中[②]。胡安·卡洛斯·奥古斯托（2009）表示信息终端的完善发展，对于建设智慧社区具有积极影响。针对智慧社区建设存在的问题展开全面分析，强调了信息技术在智慧社区建设中发挥的作用[③]。Helen，Nonhlanhla（2017）表示智慧社区涵盖了政府内容、医疗内容、教育内容等等，它与群众日常生活、工作息息相关，通过智慧社区的实践和发展，逐步改变了传统治理模式，逐步改变了固定学习模式，推进了居民生活有效变革[④]。Huang L 等人（2020）在其研究中指出，智慧社区的建设应着重于利用物联网（IoT）技术，通过智能感知、数据分析和即时响应机制，以提高社区服务的个性化和响应速度，这不仅增强了社区的居住体验，也促进了社区管理的智能化转型。[⑤]Li Y（2024）等人的研究关注了智慧社区对居民参与度的提升，他认为智慧社区平台的互动特性鼓励居民通过在线投票、意见提交等方式参与社区决策，这种

① Nicos Komninos.Intelligent cities: towards interactive and global innovation environments ［J］.*International Journal of Innovation and Regional Development*. Volume: 1 Issue: 4(2006-07):337-355.

② Anthopoulos L, Fitsilis P. From Online to Ubiquitous Cities:The Technical Transformation of Virtual Communities ［C］. International Conference,2009:360-372.

③ Augusto J C. Past,Present and Future of Ambient Intelligence and Smart Environments ［C］. Icaart 2009 Proceedings of the International Conference on Agents and Artificial Intelligence,Porto,Portugal, 2009:11-18.

④ Helen Schneider,Nonhlanhla Nxumalo. Leadership and governance of community health worker programmes at scale: a cross case analysis of provincial implementation in South Africa ［J］.*International Journal for Equity in Health*,2017,16(1).

⑤ Huang L, Yuan X, Zhang J, et al. Research on internet of things technology and its Application in building smart communities ［C］//*Journal of Physics: Conference Series*. IOP Publishing, 2020, 1550(2): 022029.

参与方式的便捷性和即时性大大增加了居民的参与热情，促进了社区治理的民主化和透明度。[1]

2. 关于智慧社区建设影响因素的研究

A Caragliu，C Del Bo 等人（2016）总结了影响智慧社区建设的因素，在众多因素中创新水平、教育水平、区域技术发展程度是影响智慧社区建设成果的关键因素[2]。Skorupinska A，Torrent-Sellens（2015）综合比较了 ICT 模型在中欧国家、西欧国家发挥的作用，分析了它对于智慧社区建设产生的影响[3]。Clément，Jinwoo，Seokho（2019）设计了结构方程模型，对影响智慧社区建设、主体参与的因素进行了分析，并形成了城市动态建设分析模型，解决了城市治理的短板问题[4]。Nakano S, Washizu A （2021）强调政策支持与社会资本在智慧社区建设中的重要作用。他们指出，明确的政策导向和有力的政府支持机制能够为智慧社区项目提供必要的资源和合法性，而强大的社会资本则促进了居民、企业和政府之间的合作，共同推动智慧技术的应用与社区服务的创新。[5]Popescul D， Genete L D（2016）探讨了基础设施建设和数据安全管理对智慧社区实施效果的影响。研究发现，先进的信息技术基础设施，如高速互联网和物联网设备的普及，是智慧社区运行的基础，而有效

① Li Y, Zhuang T, Qian Q K, et al. From acceptance to continuance: Understanding the influence of initial participation experience on residents' intentions to continue participation in neighborhood rehabilitation［J］. *Cities*, 2024, 147: 104788.

② Caragliu A, Del Bo C F, Kourtit K, et al. The winner takes it all: forward-looking cities and urban innovation[J]. The Annals of Regional Science, 2016, 56: 617-645.

③ Skorupinska A, Torrent-Sellens J. The role of ICT in the productivity of Central and Eastern European countries:cross-country comparison［J］. *Revista de Economia Mundia*,2015(39).

④ Clément Nicolas,Jinwoo Kim,Seokho Chi. Quantifying the Dynamic Effects of Smart City Development Enablers Using Structural Equation Modeling［J］.*Sustainable Cities and Society*,2019,53.

⑤ Nakano S, Washizu A. Will smart cities enhance the social capital of residents? The importance of smart neighborhood management［J］. *Cities*, 2021, 115: 103244.

的数据安全管理机制则是保障居民隐私和信息安全的关键，两者共同构建了智慧社区稳定运行的基石。①

（三）关于智慧社区治理的研究

1. 以社区居民需求为出发点

西方学者较早注意到智慧社区和社区治理两者间的关系，荷兰伊拉斯谟大学教授梅尔文·德尔加多（Delgado M）（2002）从居民生活需要和社区治理的视角出发，表示对于智慧社区治理应该突出多元化治理特征，需要对居民、服务对象展开全面评估，从而确定衡量标准，形成社区工作指导原则，为此需要坚持四个方面原则：推进社区全员参与；构建社区中心目标；实现跨组织的合作目标。增加社区能力目标；关注基层居民，并为他们提供更多帮扶。②Amanda Coe，Gilles Paquet，Jeffrey Roy（2001）表示，"社会信息时代下，多元化发展成为主流趋势，政府需要整合各个方面信息，探索更多居民的需求，能够了解居民真正的心声，从而满足其需求"③。Hendriks F（2013）对社区治理活动增加了治理新理论，将社区治理与治理价值体系充分融合④。Zheng X，Tian X（2023）研究发现，基于居民需求和兴趣指导智慧社区建设至关重要，教育水平、居住期限、感知个人利益和居民权利保护是参与意愿的关键决定因素。研究强调了解智慧社区治理的重要性，

---

① Popescul D, Genete L D. Data security in smart cities: challenges and solutions［J］. *Informatica Economic*, 2016, 20(1).

② Delgado M. New frontiers for youth development in the twenty-first century: Revitalizing & broadening youth development[M]. Columbia University Press, 2002.

③ Coe, A., Paquet, G., Roy, J.E-Governance and Smart Communities: A Social Learning Challenge. Journal on Social Science Computer Review［J］.*Social Science Computer Review*, 2001:19.

④ Hendriks F. Understanding good urban goverance:Essentials,shifts,and values［J］. *Urban Affairs Review*,2013.

并需要将社区建设与文化生活需求相结合，以培养公众精神和意识。[①]

2. 以城市社会治理需求为出发点

通过国外城市治理现状看，他们开展治理活动都是在信息发展水平提升的场景下跟进的，智慧社区治理是城市治理的一个部分，更是推进智慧城市发展的重要动力，而城市分解到最小单位就是社区，只有保障了社区治理的全面跟进，才能保障城市有效治理。因此智慧社区治理也罢，智慧城市治理也罢，它们都是经济发展、技术发展的成果，更是城市现代化建设的发展方向。未来一段时间内智慧社区治理将进入关键阶段，5G技术、云智慧技术、区块链技术的发展必然会推动智慧社区的发展，借助这些手段可以实现轻松快捷的治理成果。荷兰 Mana. Peter. Van（2006）从新兴经济背景下，研究讨论了城市管理，他表示信息技术的发展，提高了城市管理水平，社区治理主体们依托各种信息手段，让治理决策更加透明化，参与主体也更加多元化。治理者们还会接受很多信息技能的培训与学习[②]。Jackie Phahlamohlaka（2014）研究了中心治理模型，并提出了信息技术是智慧社区建设发展的核心，通过组织、个人的力量，推进了经济发展、文化发展以及政治发展，让这些治理事务充分融合一体，从而实现了高效的、专业的治理成果，也能够推进政府朝简政方向发展，将更多权力归还给社区与民众[③]。

① Zheng X, Tian X. A study on the factors influencing residents' willingness to participate in smart community governance [C] //2023 7th International Seminar on Education, Management and Social Sciences (ISEMSS 2023). Atlantis Press, 2023: 1821-1826.
② ［荷兰］曼纳·彼得·范戴克. 新兴经济中的城市管理［M］. 北京：中国人民大学出版社，2006:101.
③ Jackie Phahlamohlaka, Zama Dlamini, Thami Mnisi, Thulani Mashiane, Linda Malinga. Towards a Smart Community Centre: SEIDET Digital Village [J]. Ifip Advances in Information & Communication Technology, 2014:8.

3. 以政府信息化管理需求为出发点

基于智能化发展、信息化发展的背景，国外研究开始关注电子政府共享机制，如：Douglas. Holmes（2013）表示"信息技术推进了政务模式的改变"[①]白井均、成野敬子（2004）联合研究了信息技术对政府政务活动带来的影响，它关乎了政府信息资源共享共建的问题[②]。Wei jun Gao 等人（2016）也强调了政府治理与社区治理需要保证多元化主体，这样才可提高协同治理的效率，各自发挥各自的优势[③]。Tejedo-Romero F 等人（2022）研究探讨了葡萄牙市政部门如何通过电子政务倡议实施参与过程和渠道，以提高公民参与和社会互动。研究发现，市政部门越来越致力于发展在线公民参与机制，大型市政部门实施最多的机制。这表明政策制定者需要关注电子政务工具的能力，以更好地促进电子政务参与过程并提供获取公民反馈的必要渠道。[④] Zhong S（2023）探讨了深圳市政府通过引入多利益相关者共治模式来推动社区治理创新。他指出，多利益相关者共治对于提高治理绩效和促进基层治理创新至关重要。通过引入当地人民代表大会作为基层治理的关键参与者，深圳的民生项目投票系统帮助解决了权力不平等的问题，从而加强了治理的绩效。[⑤]

---

① ［美］道格拉斯·霍姆斯.电子政务［M］.北京：机械工业出版社，2003:188.

② ［日］白井均，成野敬子，等.电子政府［M］.上海：上海人民出版社，2004:287-288.

③ Weijun Gao,Liyang Fan,Yoshiaki Ushifusa,Qunyin Gu,Jianxing Ren. Possibility and Challenge of Smart Community in Japan［J］. *Procedia - Social and Behavioral Sciences*,2016,216.

④ Tejedo-Romero F, Araujo J F F E, Tejada Á, et al. E-government mechanisms to enhance the participation of citizens and society: Exploratory analysis through the dimension of municipalities［J］. *Technology in Society*, 2022, 70: 101978.

⑤ Zhong S. Coordinated co-governance and grassroots innovation: A case study of shenzhen's livelihood-related project voting system［J］. *Chinese Political Science Review*, 2023: 1-21.

二、国内研究综述

(一) 关于社区治理的研究

1. 关于社区治理问题的研究

宋煜 (2015) 表示基层社区治理活动中可以增加信息技术，这样可以提升治理效果，让治理与智慧之间形成互动，创新治理模式和路径，提升治理效果，都离不开信息技术的支持。智慧社区治理将会成为一种全新趋势。[①] 宋红红、方甜等 (2017) 表示当下社区治理还是以政府为主导，政府成为操控者，由于社区自治缺少法律规范，导致治理方向还不明朗。社区治理的能力被压缩。很多高新技术人才认为社区给予的薪酬过低，他们不愿意参与到社会智能治理活动中，在很多基层内都缺少信息治理的人才，群众参与公共治理的热情也不够高。[②] 陈敏 (2018) 讨论了绿色化智慧社区治理的方案，并提出实现智慧社区绿色治理的方案[③]。秦思雨，吕承文 (2019) 分析了社区治理案例，总结了其治理短板，还就案例社区的治理经验进行了分析，总结了未来可以优化治理的路径[④]。

2. 关于社区治理的主体关系研究

谢晓光，公为明 (2014) 围绕共同治理展开了分析，并将其引入到社区治理研究中，提出了个人治理、组织治理的协同方案[⑤]。陈磊，傅永军 (2018) 表示虽然信息技术的发展，为社区治理提供

---

① 宋煜. 社区治理视角下的智慧社区的理论与实践研究 [J]. 电子政务，2015(06):83-90.
② 宋红红，方甜，徐乔，等. "互联网＋社区" 治理模式创新问题研究——以国内典型智慧社区为例 [J]. 中国商论，2017(06):167-169.
③ 陈敏. 基于智慧城市的绿色智慧社区建设规划研究 [J]. 建设科技，2018(01):68-69.
④ 秦思雨，吕承文. 互联网背景下城市社区治理创新的案例分析研究 [J]. 决策咨询，2019(01):65-70.
⑤ 谢晓光，公为明. 公民参与治理的 "协同效应" 析论 [J]. 人民论坛，2014(23):28-31.

了动力，但是对于社区治理归根结底还是需要人投入，为此应该有效控制和引导治理主体们，让更多居民可以广泛参与到社区治理活动中，提高他们的治理热情，持续维持治理兴趣，才能做到有效落地的社区治理，并鼓励参与者共同努力，共同分享和建设[①]。夏建中（2019）表示业主委员会是社区服务组织，它在社区治理中发挥了重要影响，此外还提出移动端信息技术可以提升社区治理的效率，可以借助智能手机发布信息、让成员可以快速了解治理情况，社区治理关系也会逐步转移到业委会、居委会以及物业公司之间，形成了多元化的社区治理体系[②]。张邦辉，吴健等（2019）提出了社区治理新模式，依托智能技术可以改善社区治理结构，推进社区治理体系的再生和建设，维持了整体社区的利益最大化[③]。

3. 关于社区治理主体间协作方式的研究

国内关于社区治理的研究主要从"元治理理论"和"多中心治理理论"两个角度展开。持"元治理理论"视角的学者认为，该理论与我国的政治现实和历史传统高度契合，因此在我国城市社区治理中，"一元多核"模式是其主要特点。张平（2015）指出，这一模式下，党和政府作为元治理主体，社区居民及其他社会组织作为多核治理主体，共同参与社区治理。[④]王永红（2011）则认为，在城市社区治理中，政府应承担指导者、供给者、培育者和监督者的角色。[⑤]然而，元治理理论过于强调政府的作用，导致社会力

① 王伟进,李兰,沈和.社区多元共治机制建设路径——基于江苏太仓系列实践的考察[J].行政管理改革,2018(07):67-73.

② 夏建中.从社区服务到社区建设、再到社区治理——我国社区发展的三个阶段[J].甘肃社会科学,2019(06):24-32.

③ 张邦辉,吴健,李恬漩.再组织化与社区治理能力现代化——以成都新鸿社区的实践为例[J].中国行政管理,2019(12):65-70.

④ 张平,隋永强.一核多元:元治理视域下的中国城市社区治理主体结构[J].江苏行政学院学报,2015(5):7.

⑤ 王永红.城市社区治理中政府的角色定位及其职能[J].城市问题,2011(12):5.

量在社区事务中的参与不足。

为此，"多中心治理理论"成为当前智慧社区发展的重要关注点。研究者们主张，该理论强调多种治理主体的合作，建立多元合作治理机制，提升整体社区治理绩效。卢汉龙（2004）认为，政府应减少对社区公共事务的干预，鼓励社区成员通过民主协商实现合作，推动社区治理从党政管理向社区共同管理转型。①朱健刚（2010）指出，实现政社分离是中国行政体制改革的关键目标之一，其核心在于培育和发展社会自治组织，推动社区基层走向自治，避免受全能政府思维和政权控制的影响。②陈家喜（2015）强调，应重视新兴社区参与主体的治理功能，注重合作机制、合作关系和合作精神的建设。③高红等人（2018）提出，要实现社区的有效治理，需要依托大量的社会组织，并与政府和企业组织共同成为社区治理的核心力量，使社区实现自我组织、自我管理、自我服务的自主化发展。④

（二）关于智慧社区的研究

我国第一次提出智慧社区是在 2014 年，后来很多专家就围绕社区治理、智慧社区等展开了融合性研究，阎祥东、吴守荣、王程程、陈剑（2017）等总结了智慧社区的概念，并从该视角讨论分析了社区治理新模式⑤。

---

① 卢汉龙. 中国城市社区的治理模式［J］. 上海行政学院学报，2004，2004(01): 56-65.
② 朱健刚. 论基层治理中政社分离的趋势、挑战与方向［J］. 中国行政管理，2010(4):4.
③ 陈家喜. 反思中国城市社区治理结构——基于合作治理的理论视角［J］. 武汉大学学报: 哲学社会科学版，2015(1):6..
④ 高红，杨秀勇. 社会组织融入社区治理: 理论、实践与路径［J］. 新视野，2018(1):7.
⑤ 阎祥东，吴守荣，王程程，等. 街区化背景下的新型智慧社区建设研究［J］. 建筑经济，2017，38(03):77-80.

1. 关于智慧社区建设内容的研究

李军治（2014）分析了智慧社区治理的内涵、治理方向，并提出了治理智慧社区的方案。希望通过深化治理挖潜更多的核心价值，从而科学规划社区的发展①。马惠林（2014）认为，如何在大数据开发的背景下建设智慧社区，并提出了智能监控等概念，以提高社区安全和居家舒适度②。聂磊（2017）提出智慧社区是建立在云计算、大数据技术上的治理模型，其治理关键与治理核心是云技术与主体执行③。陈林星（2018）表示智慧社区是一个复杂系统，它包含了很多方面，如：智慧居家、智慧停车、智慧监控等等，对于智慧社区治理应该突出地方特色④。刘佳琦等（2024）认为，智慧社区的发展需要融合物联网、人工智能等先进技术，实现社区资源的优化配置和管理，提高居民生活的便利性和舒适度⑤。于晨龙等（2015）强调，智慧社区的可持续发展需要建立健全的政策体系和监管机制，以促进各利益相关方的协同合作，共同推动智慧社区的长远发展⑥。智慧社区的发展是一个复杂而系统的过程，需要政府、企业和居民的共同努力。通过不断推进信息技术的应用和创新，智慧社区必将成为提升城市治理能力和居民生活质量的重要途径。

2. 关于智慧社区建设路径的研究

陈跃华（2019）表示提升智慧社区治理是为了提高整体治理能力，未来社区治理将会转向到智慧社区上，为此需要全面部署

---

① 李军治.智慧社区现状与趋势［J］.中国物业管理，2014(01):46-48.

② 马惠林.新思维运营智慧社区［J］.中国公共安全，2014(Z2):76-78.

③ 聂磊."互联网＋"背景下的社区云服务的核心与趋势［J］.上海行政学院学报，2017，18(06):14-18.

④ 陈林星.智慧社区、智慧家居是智慧城市的基本体现［J］.中国建设信息化，2018(13):24-25.

⑤ 刘佳琦，牛晓蕙，李潇凌.我国智慧社区建设的研究现状及发展趋势——基于CiteSpace的文献计量分析［J］.运筹与模糊学，2024，14(2):8.

⑥ 于晨龙，张作慧.智慧社区建设实践探索［J］.建设科技，2015(17):34-36.DOI:CNKI:SUN:KJJS.0.2015-17-026.

和规划[①]；何遥（2014）分析了智慧社区为群众带来的方便，并总结了传统社区治理与智慧社区治理的差异，提出了优化智慧社区治理的方案[②]；吴胜武（2013）总结了几点关于智慧社区治理的建议，"要突出以人为本、整合共享、因地制宜、多赢共赢的特征，依托智慧社区框架，构建智慧平台，完善平台功能设计，强化人才、法律、资金的保障，以推动智慧社区治理真正落地"[③]。毛佩瑾等（2023）强调智慧社区建设应注重顶层设计，通过制定明确的规划和发展战略，确保智慧社区建设的有序推进。他们认为，智慧社区治理需要政府、企业和社会三方面的共同参与，形成合力，以实现智慧社区的长远发展。[④]王成等人（2024）从技术创新的角度提出，智慧社区建设应关注新技术的研发和应用，通过引入人工智能、物联网等前沿技术，提升社区治理的智能化水平。他们还强调，在智慧社区治理中，要注重技术应用的普及和培训，提高居民对智慧社区的认知度和接受度。[⑤]郭昊（2021）从社区参与的角度出发，认为智慧社区建设应鼓励居民积极参与，通过搭建居民参与平台，收集居民意见和建议，使智慧社区治理更加贴近居民需求。他提出，智慧社区治理要注重居民的主体地位，充分发挥居民的积极性和创造力。[⑥]

① 陈跃华.加快智慧社区建设 破解社区治理难题［J］.人民论坛，2019(02):60-61.

② 何遥.智慧社区的现状与发展［J］.中国公共安全，2014(Z2):70-75.

③ 吴胜武.关于智慧社区建设的若干思考［J］.宁波经济（三江论坛），2013(03):7-9+6.

④ 毛佩瑾，李春艳.新时代智慧社区建设：发展脉络，现实困境与优化路径［J］.东南学术，2023(3):138-151.

⑤ 王成，兰军芳，张嘉鹏.泛在可信物联网技术在智慧社区中的应用［J］.信息技术，2024(002):048.

⑥ 郭昊."智慧社区"建设背景下居民参与社区建设的问题及对策探析［J］.广西质量监督导报，2021.

（三）关于智慧社区治理的研究

1. 关于智慧社区治理内容的研究

徐宏炜（2014）认为智慧化社区治理更强调以下四点：一是政府公共部门、私人单位、社区居民等多主体来共同参与社区公共事务的治理；二是运用信息化手段来搭建一套科学合理的治理框架；三是各主体间的沟通与互动；四是公共服务和产品的提供。[①]柴彦威、郭文伯（2015）表示国内社区发展已经进入智能化阶段，信息技术已经引入了社区之中。而智慧社区治理应该突出精细化治理、个性化治理、协同化治理，从而为民众提供更多的服务，改善他们的生活质量[②]。杨秀勇等人（2023）强调智慧社区治理应注重居民的参与和自治，通过建立居民参与机制，鼓励居民参与社区事务的决策和管理，提高社区治理的民主性和透明度。他们还提出，智慧社区治理应充分利用信息技术，实现社区信息的共享和流通，提升社区治理的效率和效果。[③]宋煜（2015）从服务创新的角度提出，智慧社区治理应关注公共服务的创新和优化，通过引入智能化服务设施和服务模式，提升社区服务的便捷性和个性化水平。智慧社区治理要注重服务质量的提升，满足居民多样化的需求，提高居民的生活满意度。[④]

2. 关于智慧社区治理模式的研究

叶林，宋星洲，邵梓捷（2018）提出了协同治理模型，它能

---

① 徐宏炜.智慧社区建设背景下的基层社会治理研究［D］.上海交通大学，2014.
② 柴彦威，郭文伯.中国城市社区治理与服务的智慧化路径［J］.地理科学进展，2015，34(04):466-472.
③ 杨秀勇，朱鑫磊，曹现强.数字治理驱动居民社区参与：作用效果及限度——基于"全国社区治理和服务创新实验区"的实证研究［J］.电子政务，2023(2):72-82.
④ 宋煜.社区治理视角下的智慧社区的理论与实践研究［J］.电子政务，2015，(06): 83-90.

够让治理主体多元化，围绕智慧社区治理可以植入协同治理模型，让政府、社会组织以及社区居民发挥更多的优势，以推进智慧社区协同治理目标实现[①]。徐宏炜（2014）表示对于智慧社区治理关键在于技术发展，需要让更多基层组织、基层个人参与到协同治理活动中，推进智慧社区高效的治理效果[②]。黄一倬（2019）等提出了技术手段只是工具，对于智慧社区治理最终还是需要归于人的因素，要将技术与人充分融合才能实现良好治理效果[③]。Wei Sifan 等（2021）认为，随着智慧社区的成熟，中国智慧社区提供的公共服务已逐渐从"以供应为导向"转变模式转换为"需求导向"模式，更加系统，智能和人性化的公共空间设计将成为未来发展的新方向[④]。范逢春等（2024）研究发现，城市社区智慧治理有效性的驱动模式包括终端服务驱动模式、平台整合驱动模式、线上协作驱动模式和综合应用驱动模式。他们指出，为不断优化治理效果，城市社区要根据资源禀赋和发展需求动态调整智慧治理有效性的驱动模式。[⑤]

三、研究述评

国内外学术界对于社区的定义存在差异，国外学界主张将城市视为社区治理的最小单位，社区与城市在概念上是可以通用的，因此国外社区的涵盖范围相对较广。国外关于社区治理的研究实际上

---

① 叶林，宋星洲，邵梓捷.协同治理视角下的"互联网＋"城市社区治理创新——以 G 省 D 区为例［J］.中国行政管理，2018(01):18-23.

② 徐宏炜.智慧社区建设背景下的基层社会治理研究［D］.上海交通大学，2014.

③ 黄一倬，张天舒.国内外智慧社区研究对比与反思:概念、测评与趋势［J］.现代管理科学，2019(07):63-65.

④ Wei Sifan,Kuang Fuchun,Guo Zijing,Ren Bing. Research on Public Space Optimization of Intelligent Community based on User Requirements ［J］. *Journal of Physics: Conference Series*,2021,1756(1).

⑤ 范逢春，王彪，刘亚丽.城市社区智慧治理有效性的驱动模式及其生成逻辑——基于 21 个智慧社区的模糊集定性比较分析［J］.电子政务，2024，(02): 89-99.

就是对城市治理的研究，国外学者们已建立了很多社区治理模型，其中有很多可圈可点之处，为我国研究智慧社区协同治理提供了指导与参考。但是由于国情不同，这些模型并不能直接套用，还是需要根据具体智慧社区协同治理情况设计模型。国内学者则认为社区是城市的基本构成单位，智慧社区治理亦是城市治理的重要组成部分，然而，由于智慧社区尚处于起步发展阶段，相关研究内容尚显不足，特别是关于智慧社区协同治理的研究更为稀少。从国内外文献综述来看，现有的对智慧社区治理的研究主要聚焦于利用新兴科学技术手段，满足社区居民的多样化需求，优化社区资源配置，提升智慧社区协同治理效能，从而全面提升居民生活品质。智慧社区治理强调突破传统社区治理的观念和模式，运用新理念、新技术和新方法创新社区治理模式，以适应现代城市社会的变革。此外，学者们多从治理理论本身出发，探讨智慧社区治理的重要性和意义。尽管部分学者从协同治理视角研究城市智慧社区的管理，但其主要关注点在于推动社区治理结构的多元化或构建新型社区协同治理模型。鲜有学者从实践经验角度研究智慧社区协同治理过程中所面临的困境及其深层次原因。

总的来说，智慧社区治理作为一种新兴理论和实践领域，国内外研究人员对其的研究和探索仍处于快速发展阶段，尚未形成完整的研究体系和范式。尽管该领域存在诸多观点，但缺乏深度研究和分析。在研究内容方面，智慧社区治理的研究热点主要集中在基础设施建设层面，立足实践发展提出了智慧社区协同治理的优化策略。从实际研究角度来看，智慧社区治理主要聚焦于技术应用，缺乏从公共管理角度的深入理论探讨，且定性与定量研究结合较少，而对于智慧社区研究偏重理论分析，对于智慧社区协同治理研究方向较为分散，理论界限也较为模糊。除基于理论分析的深入探讨和理论创新外，尚有大量具体研究有待开展。因此，

　　未来的研究应加强基础理论的应用和创新，同时对智慧社区的研究进行详细剖析，并在实际研究中发现新问题，寻找新方向。

第一章　核心概念与理论基础

　　智慧社区协同治理，作为一种创新的治理模式，已在全球范围内引发广泛关注。这种模式不仅融合了现代信息技术，更整合了社会治理的理念，其宗旨在于通过多元参与和协同合作，实现社区治理的智能化、精准化和高效化。然而，作为一门新兴理论，智慧社区协同治理的内涵和外延尚需进一步明确。本章将系统地梳理智慧社区协同治理的核心概念和理论基础，旨在为理解智慧社区协同治理的理论脉络提供坚实支撑。通过对相关概念和理论的深入剖析，本章将揭示智慧社区协同治理的本质特征和内在逻辑，为进一步的理论研究和实践探索奠定基础。

第一节　核心概念

一、智慧社区

　　"社区"（Community）一词源于拉丁文，最早的社区概念由德国社会学家滕尼斯引入社会学研究领域。在外国社区研究的基础上，20 世纪 30 年代，学者费孝通首次将社区概念引入国内研究。后来，2000 年，民政部在《关于在全国推进城市社区建设的意见》中，将社区定义为："聚集地域范围内的人们，组合形成的生活共同体。"[①]

（一）智慧社区的概念

社区作为城市的基本构成单元，其智慧化发展是智慧城市建设的重要环节，延续了智慧城市的发展理念。在我国城市化进程加速的背景下，智慧社区伴随着智慧城市的理念应运而生，并通过城市化建设与信息化建设的推进，推动了智慧社区的全面发展。尽管如此，国内的智慧社区建设仍处于起步阶段。

根据 2014 年住房城乡建设部发布的《智慧社区建设指南（试行）》，智慧社区的定义是运用现代科技手段，整合人、地、物等资源，以信息服务平台为基础，推动公共服务与便民服务的创新模式，从而促进城镇发展和社区服务创新的路径。智慧社区与传统的社区治理在概念上存在差异，但它们都是经济发展和信息技术的产物，代表了社区治理的新模式。智慧社区本质上是一种创新的治理方法，以社会服务资源的总体规划为核心，与中国特色社会主义制度紧密结合，涵盖了社区建设、服务、组织等多方面内容，并融合了信息技术和服务平台。

根据全国智能建筑及居住区数字化标准化技术委员会（智标委）在《智慧城市——建筑及居住区综合服务平台通用技术要求》中的定义，智慧社区是通过互联网、物联网等基础通信和连接技术，整合智能楼宇、智能家居、路网监控、智能医院、城市生命线管理、食品药品管理、票证管理、家庭护理、个人健康与数字生活等多个系统，构建社区智慧化环境，形成基于海量信息和智能过滤处理的新生活、产业发展和社会管理模式，旨在面向未来构建全新的智慧生活形态。

---

① 周雅雯等. 新时代城乡可持续发展的关键管理问题［M］. 上海：同济大学出版社，2019:6.

基于此，智慧社区的定义可以进一步理解为：社区是由小区、家庭及社区居委会、业主委员会、物业公司、公共及商业服务机构等多元素构成的社会共同体，是城市的基础单元。智慧社区运用物联网、云计算、大数据、人工智能等新一代信息技术，整合社区环境中的人、事、地、物、情、组织等多元数据资源，提供面向政府、物业、居民及企业的社区治理与服务类应用，提升社区治理与服务的科学性、智能化、精细化水平，实现共建、共治、共享的管理模式。智慧社区是一个动态发展的概念，是科技革命的产物。在信息通信技术飞速发展的时代背景下，"技术"赋予了社区"智慧"。智慧社区是智慧城市重要的组成部分，物联网、大数据、人工智能等技术的推进正促使物理世界与数字世界相互融合、共同发展。数字新技术的加持，推动社区向智慧化方向高质量发展，并赋予智慧社区新的内涵。智慧社区是在城市、社区所积累数据从量变到质变，在感知建模和人工智能等信息技术取得重大突破的背景下，建设新型智慧社区的一条新兴技术路径，是社区智能化、运营可持续化的前沿先进模式，也是一个吸引高端智力资源共同参与，从局部应用到全局优化，持续迭代更新的社区创新平台。

（二）智慧社区的产生

智慧社区的实践起源于西方，20世纪80年代，美国总统宣布成立"智能化住宅技术合作联盟"，标志着智慧社区建设的开始。随着科技的进步及社会经济环境的变化，1992年圣地亚哥大学（San Diego State University）的通信国际中心（International Center for Communication）正式提出了"智慧社区"的理念，并从1997年开始，陆续出版了《智慧社区指导手册》等一系列研究成果。此后，智慧社区的理念与实践逐渐在全球范围内得到推广。与此同时，不同国家也在智慧社区技术上进行探索。例如，1998年日本提出了超级家庭总线技术标准（super home bus system，S-HBS）。1999 年美国微软公司在我国推出"维纳斯计划"，随后以 TCL 公司为代表的一批中国电视生产厂家也开始了智能社区产品的研发。2008 年，IBM 公司首次提出"智慧地球"的理念，随后在 2009 年提出了"智慧城市"的概念，在智慧城市建设中，社区的适中空间尺度及其在社会管理中的重要作用，使智慧社区成为推动智慧城市发展的重要环节，也是以点带面实现城市智慧化的主要策略之一。①

从 20 世纪 80 年代末开始，我国沿着智能化、数字化、智慧化的路径，不断推动智慧社区的发展。从 20 世纪 90 年代末之前的传统小区，到 2000—2010 年的智能化小区，再到 2010—2015 年的数字化小区，以及 2015—2020 年的智慧社区，中国智慧社区的发展方向经历了从集成化、网络化、数字化、无线化到智能化、模块化的转变。2014 年，住房和城乡建设部发布了《智慧社区建设指南（试行）》，提出到 2020 年，50% 以上的社区实现智慧社区标准化建设，建立完善的社区服务体系、可持续发展的社区治理体系和智能化社会服务模式。当前，我国智慧社区发展正响应新时代国家治理现代化战略大背景和城市治理"全周期管理"的新要求，积极拥抱新一代信息技术的技术变革，围绕社区治理现代化目标，积极推进未来智慧社区建设。

在我国，众多的大中型城市例如北京、上海、广州等地纷纷展开了智慧社区领域的试点工作。结合近年来的实践经验和我国社区发展的实际情况，我国智慧社区建设必须坚持政府主导，社区作为运行主体，采用市场化运行模式。具体运行模式是借助现有的数据交换共享系统，构建以城市公共信息平台为基础，涵盖政务、经济、公共服务和生活资讯的综合管理服务平台，并以此作为主要载体对

---

① 申悦，柴彦威，马修军. 人本导向的智慧社区的概念、模式与架构［J］. 现代城市研究，2014(10):13-17+24.

社区公共服务进行智能化、标准化的规范化管理。[①] 智慧社区综合信息服务平台框架图如图 1-1 所示。

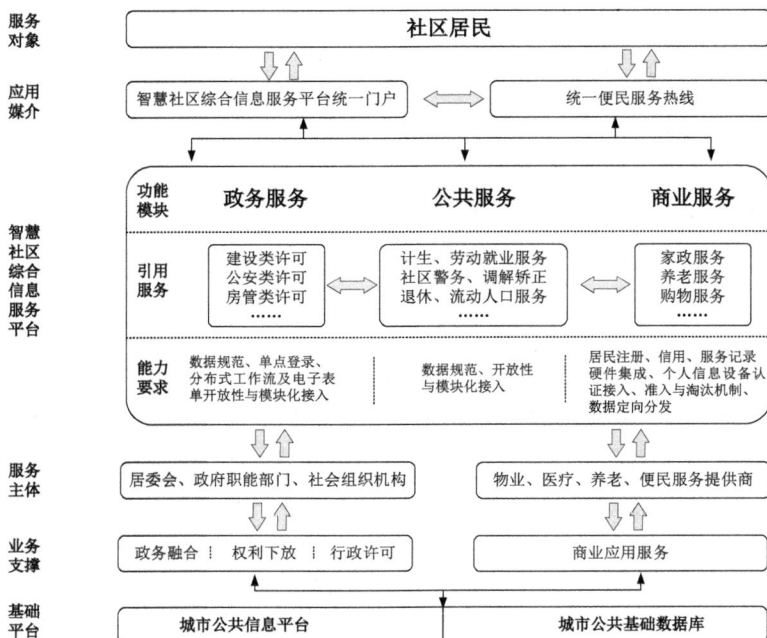

图1-1 智慧社区综合信息服务平台框架图

（三）智慧社区与传统社区的联系

智慧社区的兴起，标志着传统社区正逐步朝向更高级别的信息化、智能化方向发展。随着智慧城市建设步伐的加快，智慧社区已成为城市发展的重要趋势，其建设不仅仅是智慧城市的核心内容，同时也是实现城市可持续发展的关键因素。2014 年 5 月，住

---

① 中华人民共和国住房和城乡建设部.智慧社区建设指南（试行）［R］.2014:28.

房和城乡建设部发布的指南明确了智慧社区建设的方向，提出了到 2020 年实现超过 50% 的社区标准化建设的目标。这一目标凸显了智慧社区与传统社区的紧密联系，即在传统社区的基础上进行升级改造，以建立可持续发展的社区治理体系和智能化社会服务模式。2020 年 7 月 23 日，住房和城乡建设部发布《智慧城市建筑及居住区第 1 部分：智慧社区建设规范（征求意见稿）》，进一步明确了智慧社区建设的标准和要求。在新基建的大背景下，智慧社区作为智慧城市的重要承载体，其发展速度将得到显著提升，这预示着传统社区将更快地向智慧社区转型，实现信息技术与社区生活的深度融合。

1. 与传统社区的联系

智慧社区与传统社区之间存在着密不可分的联系。首先，传统社区是智慧社区建设的基础形态。从时间顺序来看，传统社区早于智慧社区出现。智慧社区的形成与发展离不开传统社区的坚实支撑。其次，智慧社区可以被视为传统社区的改革与创新成果。智慧社区依托于科技的应用，借助先进的科学设备对传统社区的功能与结构进行升级与更新。最后，智慧社区是社区建设的重大改革，是一次大胆的尝试，具有重要的实践价值。智慧社区为社区建设注入了新的视角，开拓了新的视野。物联网、人工智能、大数据、云计算、数字孪生、AR/VR、5G 等新一代信息技术，重塑了人、事、物与社区的关系，实现了社区邻里间的互助与群体交流，实现了管理服务的无缝衔接和实时感知，实现了建筑环境的绿色低碳和舒适宜居，为有效解决基层社区治理和社区服务供给跨越"最后一公里"的问题提供了全新的思路和方案。

2. 对传统社区的超越

与传统社区相比，智慧社区不仅具备了传统社区所具有的共性特征，也具有其自身鲜明的特点，核心区别在于智慧社区以数字时代的人民生活需求和发展为中心，依托科技手段辅助社区治理，为居民、企业和管理监督部门带来全流程的数字化体验。

（1）以人为本。以人民为中心，将特色文化融合其中，形成文化与科技的交叉协同；构建社区共同价值观，塑造邻里文化内核，营造邻里互助的氛围。以人本主义为核心，以科技服务生活为宗旨，通过线上线下融合各类服务，提供与市民生活紧密相关的新教育、新医疗、新交通、新物流、新零售等创新服务模式，以科技重新诠释人文关怀。

（2）智能感知化。以机器智能为前端、物联网数据为触觉、视频数据为视觉、服务及民生数据为听觉，实现万物互联，对人进行精准描绘，对事件进行智能辅助，全方位地对社区运行的核心系统进行测量、监控与分析，实现由被动转为主动的全面感知，全面赋能社区场景智能应用。

（3）数据集成化。打破社区数据壁垒，构建社区数字基底，整合社区数字运营资源，以统一信息服务平台为载体，实现资源共享和价值交换，提供高效便捷的政务服务及社区治理；整合社区各类资源，调动和凝聚社会力量，创新基层治理新模式，共同营造开放、共享的社区环境。

（4）服务定向化。智慧社区引入智能社区基础设施和应用系统，依托现代技术和高科技设备，针对社区特定需求和社区特点，推送其所需的服务内容和服务信息，为社区居民提供了多元化、个性化和人性化的需求。智慧社区服务范围扩大、服务对象增多、服务领域拓宽，更好地为社区居民提供了优质高效的管理与服务。

二、协同治理

20 世纪 70 年代，德国物理学家赫尔曼·哈肯提出协同学（Synergetics）理论。哈肯的协同学研究了开放系统中各子系统如何通过自我协调，达到一种更高层次的有序状态，从而为理解复杂系统中的协同行为奠定了坚实的理论基础。在社会科学领域，协同治理理论主要探讨的是如何在多元主体参与下，通过合作与协调，实现对公共事务的有效管理。协同治理体现了多元主体的共治，构建了有效的治理结构，并将治理重心从单一向多元转变，涵盖了政府、党组织以及更广泛的社会力量和公众。①

协同治理的特点主要体现在治理主体的多元性、治理权威的多样性、共识导向和责任共担。首先，治理主体的多元性意味着参与公共事务管理的不仅限于政府，还包括企业、非政府组织、公民个人等所有能够对公共事务产生影响的行为者。这种多元性有助于汇聚各方智慧和资源，形成更全面、更有效的治理策略。②其次，治理权威的多样性表明，权威来源不再单一依赖于政府，各参与主体都能在治理过程中发挥其权威和影响力，这种多样性有助于平衡各方利益，促进公平公正的治理。③再者，共识导向的决策过程倾向于寻求多方共识，通过协商达成共同认可的解决方案，这种决策方式有助于提高决策的合法性和执行力。④最后，责任共担意味着各参与方根据其角色和能力对治理结果共同承担责任，这种共担机制有助于确保各方积极参与治理过程，共同推动公共事务的解决。⑤总的来说，协同治理通过整合各方力量，实现优势互补，提高公共事务管理的效能和效果。

---

① 姜晓萍.国家治理现代化进程中的社会治理体制创新［J］.中国行政管理，2014(02):24-28.

② 熊光清.多中心协同治理何以重要——回归治理的本义［J］.党政研究，2018(05): 11-18.

③ 杨志军.多中心协同治理模式的内涵阐析［J］.法制与社会，2010，000(004):29-32.

④ 蔡岚.协同治理：复杂公共问题的解决之道［J］.暨南学报：哲学社会科学版，2021(2015-2):110-118.

⑤ Ansell C, Gash A. Collaborative governance in theory and practice ［J］. *Journal of public administration research and theory*, 2008, 18(4): 543-571.

三、智慧社区协同治理

智慧社区协同治理是运用现代信息技术，特别是物联网人工智能等新兴技术，以社区居民的实际需求为导向，通过政府、企业、社会组织及居民等多元参与主体的通力协作，实现社区治理与服务的高效、透明、互动与智能化。智慧社区协同治理强调治理主体的多元化与协同性，治理过程的开放性与透明性，以及治理成果的共享性和持续性。智慧社区协同治理的核心要素包括：多元治理主体、协同治理机制、智慧治理平台，以及创新驱动。多元治理主体强调政府、企业、社会组织和居民等各方共同参与社区治理，形成共建共治共享的社区治理格局。协同治理机制通过构建政府与市场、政府与社会、政府与居民之间的协同关系，实现社区治理的多元参与与协同运作。智慧治理平台运用现代信息技术，搭建线上线下相结合的社区治理平台，实现信息的共享、服务的便捷与管理的智能化。创新驱动则着重于在智慧社区治理中持续引入新技术、新方法，推动治理模式的更新迭代，以满足社区发展的不断变化需求。智慧社区协同治理的实施原则包括：以人为本、开放共享、协同共治、动态调整。以人为本强调社区治理应以满足居民的需求与提升居民的生活质量为核心，实现人的全面发展与社区的可持续发展。开放共享强调社区治理应打破信息壁垒和资源孤岛，实现信息的开放共享与资源的优化配置。协同共治强调社区治理应构建政府、企业、社会组织及居民等多元主体参与的协同治理格局，实现社区治理的多元参与和协同运作。动态调整则强调社区治理需要灵活适应新技术、新挑战和新需求，通过不断调整和优化治理策略，确保社区治理的持续性和有效性。

智慧社区协同治理的实施，本质上是技术革新与社会治理创新的深度整合。其借助于智能感知技术进行社区运营状态的实时监测与分析，借助大数据集成与分析优化资源配置和服务供给，同时，人工智能与数字孪生等尖端技术的运用，使得社区治理与服务得以更为精确、高效地回应居民个性化需求。在此基础上，协同治理机制确保了多元主体间的信息畅通、决策协同与行动一致，形成治理合力，有效解决了传统社区治理中信息孤岛、服务滞后、参与度低等问题。协同治理模式下的智慧社区，更加注重以人为本的服务理念，致力于构建一个既富含科技元素又充满人文关怀的社区环境。它不仅关注硬件设施的智能化升级，更重视软件层面的社区文化建设与居民参与度提升。通过线上线下相结合的服务模式，智慧社区协同治理提供涵盖教育、医疗、交通、物流、零售等多领域的创新服务，满足居民多样化、个性化需求，同时，促进邻里互助，增强社区凝聚力，形成积极向上的社区氛围。

综上所述，智慧社区协同治理是一种面向未来的社区治理模式，它通过科技赋能，实现了治理主体的多元化、治理过程的智能化、治理内容的精细化和服务供给的个性化。该模式不仅提升了社区治理的效能与质量，还促进了社区内部及社区与外部环境的和谐共生，是实现社区可持续发展、提升居民幸福感与满意度的重要途径。智慧社区协同治理在推动社区现代化进程的同时，也为全球城市治理的转型升级提供了可借鉴的中国经验和模式。

第二节　理论基础

一、马克思主义唯物史观

习近平总书记指出："我们党坚持把马克思主义作为根本指导思想，不断深化对共产党执政规律、社会主义建设规律、人类社会发展规律的认识，不断开辟马克思主义中国化时代化新境界，为中国式现代化提供科学指引。"①马克思主义唯物史观强调生产力是社会历史发展的根本动力，要求生产关系与生产力相适应。在智慧社区中，新技术与传统治理结构的关系处理，以及上层建筑对经济基础的适应，都体现了唯物史观的理论指导。此外，马克思主义唯物史观还强调社会存在与社会意识的关系，以及阶级分析和人的全面发展的重要性。因此，智慧社区的协同治理应以人为本，促进人的全面发展，符合最广大人民的根本利益。

（一）社会存在与社会关系原理表明社区治理模式应适应社会发展

社会存在物质生活与社会实践，为社会的发展提供相关的物质生活条件，其涵盖地理环境、人口因素以及物质资料等多项内容。社会意识则代表精神层面的社会生活，是人们精神生活中的一切要素和观念形成的总概括。社会意识是社会存在的反映，社会意识包括人们的意志、情感、情绪、社会舆论等各种心理因素和心理活动，包括社会思想、法律意识、道德、艺术、哲学、科学等社会意识形态。"社会历史的运动，只有通过这二者的关系才能实现；人们对社会现象和历史过程的认识，也只有通过这二者的关系才能把握。"②马克思主义认为，社会存在决定社会意识，社会意识是对社会存在的反映。社会物质生产方式制约着整个社会的政治生活和精神生活。同时，社会意识具有相对独立性，对社会存在具有能动的反作用。社区作为特定区域、特定人群在遵守共同规则的基础上构成的人类生活共同体，社区的建设与发展具有丰富而生动的社会实践特性。因此，根据社会存在与意识的关系原理，社区治理模式应适应社会

---

① 习近平.中国式现代化是中国共产党领导的社会主义现代化 [J].求是，2023(11).
② 肖前.马克思主义哲学原理 [M].北京：中国人民大学出版社，1998:215.

发展阶段，不同社会发展阶段中出现的社会治理模式都是因为适应社会现状和生产力水平而得以阶段性存在，又随着生产力的提高、社会的进步而不断得到改善。

党的十九大报告提出，要"提高社会治理社会化、法治化、智能化、专业化水平"[①]。党的十九届四中全会中多次强调，应利用大数据技术、互联网技术、人工智能技术等，完善行政管理的制度规则。2020 年疫情防控中工信部特别部署，要求各地"运用新一代信息技术支撑服务疫情防控，运用互联网、大数据、云计算、人工智能等新技术服务疫情监测分析、人员流动和社区管理，对疫情开展科学精准防控"。当前，中国已经成为 ICT（Information Communications Technology，简称 ICT）应用发展最快的国家之一，而一项重要技术变革的影响远远超越技术领域本身，它往往会带来社会形态的深刻变化。新一代信息技术的应用为社区治理带来了显著的进步，科技创新已经成为社区治理现代化转型的主导因素和重要驱动力，可以全方位实现社区治理模式的蜕变创新。通过科技创新手段提高社区管理与服务水平、通过资源共享创建智慧生活、通过协调科技与人文的关系促进社区平衡、通过绿色建筑能源科技保障社区可持续发展等。因此，新的社会形态要求新的社区治理模式，在网络经济时代的新背景下，智慧社区建设需要进一步厘清政府和社区服务主体之间关系，明确政府在社区建设中的角色和定位，实现政府、社区、社会共治的社区治理模式。

（二）以人民为中心发展理念要求人民群众广泛参与智慧社区建设

党的十九大报告指出："坚持以人民为中心。人民是历史的创

---

① 习近平.决胜全面建成小康社会，夺取新时代中国特色社会主义伟大胜利——在中国共产党第十九次全国代表大会上的报告［M］.北京：人民出版社，2017:49.

造者，是决定党和国家前途命运的根本力量。"①习近平总书记指出："学习马克思，就要学习和实践马克思主义关于坚守人民立场的思想，坚持全心全意为人民服务的根本宗旨，始终保持同人民群众的血肉联系，团结带领人民共同创造历史伟业。"②马克思主义群众思想的重要性在整个马克思主义思想中是不言而喻的，人民群众的地位在发展到社会主义的今天仍然是至高无上的。马克思视人为目的，共产主义理想是为了创造一个"每个人都无可争辩地有权全面发展自己的才能"③的社会。历史表明，这需要依靠人民自己的双手自下而上地创建，而不是依靠高度集权的政府自上而下地赐予。坚持以人民为中心的发展理念，需要做到发展为了人民、发展依靠人民、发展成果由人民共享，这对中国社区建设具有十分重要的理论指导意义。社区建设就是通过开展各种社区服务，以及社区成员之间的互助、互动等实践参与活动，扩大人们之间的社会关系，提高和发挥社区居民在社区建设与管理中的主体性和能动性，尽量满足包括社会弱势群体在内的所有个人的需要，给每个人都创造公平、平等的发展机会，共同推动社区安全、稳定地发展。

智慧社区建设为了人民。当前，政府"自上而下"社区治理需求与公民"自下而上"社区服务诉求之间的信息沟通图景日益清晰，因此，智慧社区建设以满足人民美好需求和推动基层社区治理现代化为价值目标，进入了蓬勃发展时期。智慧社区建设通过智慧互联、智能高效、绿色低碳、共治共享和开放包容等理念的运用，结合先进信息技术的应用，围绕社区居民全生活链服务需求（学有所教、幼有所育、病有所医、劳有所得、住有所居、老有所养、弱有所扶），

---

① 习近平.决胜全面建成小康社会，夺取新时代中国特色社会主义伟大胜利——在中国共产党第十九次全国代表大会上的报告［M］.北京：人民出版社，2017:21.

② 习近平.在纪念马克思诞辰200周年大会上的讲话［M］.北京：人民出版社，2018:16.

③ 马克思恩格斯全集（第2卷）［M］.北京：人民出版社，1957:614.

提供相匹配的综合配套和智慧服务支撑,为社区民众提供有归属感、获得感、幸福感、安全感的社区环境。此外,智慧社区建设依靠人民。推动社区治理能力现代化的最终目标在于实现政府治理、社会调节和居民自治之间的良性互动,因此政府需要重新审视自身定位,明确政府、社区组织、社会企业各自应具备的权责,切实转变政府职能,注重在宏观上把握社区发展战略,引导和监督其他主体的行为。同时,拓宽社会与社区协同的渠道,集聚社会力量,激发社会活力。在构建政社分离的新型社会治理结构的过程中,明晰界定社区治理主体责任制,通过法律保护、平等竞争、市场准入,监督检查等手段,为私营部门进入社区、参与社区服务供给提供良好的政策环境。此外,保证政府与其他社会组织在社区治理和服务供给中协同发展,在良性互动与合作中实现我国社区治理的现代化。

二、习近平关于社区治理的重要论述

社区作为党和政府联系和服务群众的"最后一公里",是社会治理的基本单元,"是夯实城市治理基层基础"[①]。党的十八大以来,习近平总书记多次深入基层社区开展实践调研,针对社区高质量发展发表了一系列重要讲话,为指导新时代社区治理工作提供了根本遵循。习近平总书记从辩证唯物主义和历史唯物主义的世界观和方法论出发,着眼于基层实践的新变化与社区群众的新需要,继承和发展中华优秀传统文化中的治理思想,形成了独具时代特色的理论成果。习近平总书记关于社区治理重要论述阐明了社区治理现代化的行动方略,指明了社区治理发展的根本方向,内容完善、体系完备,深刻体现了新时代党的创新理论的内涵和体系,构成了习近平总书记关于社会治理重要论述的重要内容。系统总结习近平总书记

---

① 习近平关于城市工作论述摘编 [M].北京:中央文献出版社,2023:162.

关于社区治理的重要论述的理论架构，可以从社区治理的根本、目标、要求三个方面来理解这一思想的主要内容。

第一，社区治理的根本是党的领导。习近平总书记指出："要加强社区党组织建设，强化党组织的政治功能和组织功能，更好发挥党组织在社区治理中的领导作用，更好发挥党员先锋模范作用。"① 这一论述深刻阐明了党组织在社区治理中的功能和作用，社区基层党组织是社区群众的服务站，直接关系到社区群众对党组织的认同度和拥护度，推进社区党组织建设是夯实群众基础，推进社区治理现代化的政治保证和组织保障。习近平总书记深刻指出："提升社区治理效能的核心要素，在于强化党的领导。"② 这一论断不仅彰显了党的领导在社区治理框架中的核心地位，而且为社区治理指明了建设路径。社区治理涵盖广泛的复杂的领域，实现党建工作全面覆盖、党政资源有效整合以及党群关系紧密联结，都需要依托于社区党组织的强大领导力。只有加强党对基层治理的统领，突出党建在基层治理中的引领功能，才能持续增强治理效能，推进治理现代化水平的提升。2021 年，习近平总书记在青海考察期间再度强调："评判社区治理成效的标准，根本在于基层党组织的建设质量。"③ 社区作为党与人民群众联系的最直接纽带，必须强化党的领导，确保党的全面领导和统筹协调融入基层治理的每一个环节，真正将组织的优势转化为基层治理的优势，从而构建起高效、和谐的社区治理体系。

第二，社区治理的目标是共建共治共享。习近平总书记在党的

① 习近平.习近平在湖北武汉考察时强调把科技的命脉牢牢掌握在自己手中不断提升我国发展独立性自主性安全性［N］.人民日报.2022-06-30(01).
② 习近平.习近平在吉林考察时强调坚持新发展理念深入实施东北振兴战略加快推动新时代吉林全面振兴全方位振兴［N］.人民日报.2020-06-25(01).
③ 习近平.习近平在青海考察时强调坚持以人民为中心深化改革开放深入推进青藏高原生态保护和高质量发展［N］.光明日报，2021-06-10(01).

十九大报告中提出了"共建共治共享"的治理理念，这一理论的提出为社区治理体系和治理能力现代化提供了方向指引。社区治理的目标定位于共建、共治、共享，这一理念深深植根于现代社会治理理论之中，体现了社会治理模式从单一主体向多元主体、从管理向治理、从控制向服务的转变。共建共治共享的社区治理模式，是对推动社会治理创新的一次重要实践。它不仅符合社会治理现代化的发展趋势，更深层次地，它还反映了社会治理理念的转型——从以政府为中心的管理模式转向以社会为中心的治理模式，强调了社会治理的民主性、参与性和协同性。在此模式下，社区不再仅仅是行政管理的末端，而是成为多元主体共同参与、共同建设和共同受益的社会空间，实现了社会治理从"管理"到"治理"的根本转变。具体而言，共建共治共享的社区治理模式，旨在构建一个开放、包容、合作的社区治理生态，让社区成为居民自我管理、自我服务、自我发展的平台。通过激发社区内部的活力，促进居民之间的互动与合作，形成社区治理的良性循环，最终实现社区的和谐稳定与发展繁荣。同时，这一模式也为解决当前社会转型期出现的诸多社区治理难题提供了新的思路和方法，如老龄化社会的应对、城市化进程中的社区融合、公共安全的维护等问题，均可在共建共治共享的框架下找到更为有效的解决方案。

第三，社会治理的要求是建设社区安全共同体。《中共中央关于制定国民经济和社会发展第十四个五年规划和二〇三五年远景目标的建议》，明确提出了"提升城市治理效能，强化特大城市风险防控机制"[①]的战略部署，社区风险治理由此跃升为社会应急管理体系建设的关键环节。2021 年 6 月，针对湖北十堰市张湾区艳湖社区发生的集贸市场燃气爆炸事件，习近平总书记作出重要批示，

---

① 习近平. 中共中央关于制定国民经济和社会发展第十四个五年规划和二〇三五年远景目标的建议［N］. 人民日报，2020-11-04(01).

强调"必须提升政治敏感度，全面排查各类安全隐患，防止重大突发事件的发生，坚决守护人民群众的生命财产安全，维护社会稳定，营造建党百年的良好环境"①。这一指示从安全治理的视角，深刻揭示了风险预判与管控的重要性，为运用系统思维推进社区安全隐患的综合治理提供了方法论指引。首先，深化社区安全隐患排查行动。通过全面的安全检查，涵盖重点区域，迅速识别并解决居民身边的安全隐患，优先在案件频发、治安状况复杂、安全设施落后的小区实施改善措施，以预防为主，构建安全防线。其次，优化应急管理体系建设。基于党的十九届四中全会提出的"优化国家应急管理能力体系，增强防灾减灾救灾能力"②的要求，需强化风险预警、应急响应、综合保障等方面的能力建设，确保应急管理工作具备系统性、整体性和协同性，逐步建立健全防范化解重大风险的长效机制，推动应急管理向科学化、专业化、智能化、精细化方向发展。最后，加强社区应急避难场所的建设。一方面，通过整合社区内公园、广场等公共资源，科学规划市民应急避难场所，确保储备充足的饮用水、速食食品等基本生活物资，以备不时之需。另一方面，加速推进应急信息化建设，完善应急广播系统，定期举办应急避险知识讲座及应急演练，提升公众的风险防范意识，真正做到未雨绸缪，有效降低灾害风险。

三、社会运行理论

社会运行理论是由我国著名社会学家郑杭生教授在 20 世纪 80 年代初期系统发展和深入研究的，旨在构建一个具有中国特色的社

---

① 习近平. 习近平对湖北十堰市张湾区艳湖社区集贸市场燃气爆炸事故作出重要指示 要求全面排查各类安全隐患 切实保障人民群众生命和财产安全 维护社会大局稳定 为建党百年营造良好氛围［N］. 光明日报，2021-06-14(01).

② 中共十九届四中全会在京举行 中央政治局主持会议 中央委员会总书记习近平作重要讲话［N］. 光明日报，2019-11-01(01).

会学理论体系。该理论的核心在于对社会运行的内在规律进行探索与解析，强调社会结构与社会过程的统一，以及社会秩序与社会变迁的辩证关系。[①] 社会运行理论认为，社会运行是一个由多个子系统相互作用、相互制约的过程，这些子系统包括经济、政治、文化、教育等各个领域，它们共同构成了社会运行的整体框架。[②] 社会运行理论强调，社会的良性运行和协调发展是社会学研究的核心目标[③]，主张从宏观和微观两个层面来理解和分析社会现象，强调理论与实践的结合，并关注历史与现实的关系。[④] 在宏观层面，社会运行理论关注社会整体的运行机制和规律，探讨社会变迁的动因和趋势；在微观层面，它关注个体在社会中的行为和互动，以及这些行为和互动如何影响社会运行的整体效果。

在智慧社区协同治理的研究中，社会运行理论提供了一个全面而深入的视角，有助于理解智慧社区的运作机制和治理效果。社会运行理论强调社区内部的互动机制，包括社会关系、权力结构、资源配置和信息流动等方面，这些都是智慧社区协同治理的重要组成部分。智慧社区作为利用信息技术手段提升社区管理效率和服务水平的新型社区形态，其协同治理需要充分考虑社区内部的互动机制。[⑤] 社会运行理论有助于深入理解这些互动机制，从而更好地优化社区治理策略，提升社区运行状态和治理效果。此外，社会运行理论还强调了社区内部的权力结构和资源配置对社区治理的影响。

---

① 郑杭生. 中国特色社会学理论的探索［M］. 北京：中国人民大学出版社，2005:4.

② 李迎生，徐向文. 社会运行理论视野下的社会建设与社会治理——郑杭生社会建设思想初探［J］. 西北师大学报（社会科学版），2015，52(06):39-47.

③ 黄家亮. 中国现代性的探寻与中国社会学的理论建构——以郑杭生社会学学术历程为例［J］. 西北师大学报（社会科学版），2012，49(03):49-54.

④ 郑杭生. 中国社会研究与中国社会学学派——以社会运行学派为例［J］. 社会学评论，2013，1(01):5-13.

⑤ 靳玉茜，唐军. 复杂适应系统视角下的城市社区协同治理困境与应对策略研究［J］. 北京工业大学学报（社会科学版），2023，23(2):38-47.

在智慧社区的协同治理中，需要关注社区内部的权力分配和资源配置是否合理，以确保社区治理的公平性和效率性。同时，社会运行理论也关注社区内部的信息流动，这对于智慧社区的协同治理同样至关重要。信息流动的畅通与否直接影响到社区内部各子系统之间的互动和协作，进而影响到社区的整体运行状态和治理效果。

首先，从社会运行理论的角度来看，智慧社区的建设与发展是一个涉及多方面因素、多元参与的复杂社会过程。这一过程不仅受到先进技术的影响，更与社区的社会结构、文化传统、居民需求等因素紧密相连。智慧社区中的智能安防系统、智能停车系统等技术应用不仅是技术创新，还深刻地影响着社区安全管理和资源分配的方式。[①] 以智能安防系统为例，它的引入不仅提高了社区的安全防范能力，还可能改变社区居民对安全的需求和期待，从而引发社区安全管理模式的变革。在这个过程中，社区权力结构和社会关系也可能随之发生变化，传统的社区管理模式可能被更加智能化、精细化的管理方式所取代。此外，智慧社区的发展还涉及社区的资源配置、居民参与、政策支持等多方面因素。例如，智慧社区的建设需要大量的资金投入和技术支持，这就需要政府、企业和社会组织等多方共同参与，形成有效的合作机制。同时，智慧社区的发展也需要充分考虑居民的需求和意见，让居民在智慧社区的建设中发挥主体作用，形成社区共建共治共享的良好格局。

其次，社会运行理论强调社会秩序与社会变迁之间的辩证关系，这对于理解智慧社区的协同治理具有重要的指导意义。在智慧社区的实践中，信息技术的应用无疑提高了社区服务的精准性和效率，从而有助于维护社区秩序的稳定。例如，智能化的物业管理系统能够实时监控社区的运行状态，快速响应居民的需求，提高社区服务

① 邵新哲，计国君.城市网格化管理与智慧社区协同运作机制研究——以四川省 S 市社区网格化管理为例［J］.软科学，2021，35(2):137-144.

的质量和效率。然而，这种技术驱动的变革也可能引发新的社会问题，如数据安全、隐私保护等。随着社区中各种智能设备和系统的广泛应用，居民的生活数据和隐私信息可能会被收集和处理，这就需要建立起严格的数据保护和隐私保护机制，以防止数据泄露和滥用。① 同时，智慧社区的发展也可能加剧社会不平等问题，如数字鸿沟等，这需要政府和社会各界共同努力，推动信息技术的普及和应用，缩小数字鸿沟，实现包容性发展。② 因此，智慧社区的协同治理需要在维护现有秩序与推动社会变迁之间找到平衡点。这需要政府、企业、社会组织和居民等多方共同参与，建立起有效的协同治理机制，共同应对智慧社区发展过程中可能出现的各种挑战和问题。同时，也需要加强社区居民的参与和自治能力，让居民在智慧社区的建设和管理中发挥更大的作用，实现社区共建共治共享的目标。

最后，社会运行理论强调社会子系统之间的相互作用与制约，这对于理解智慧社区中的信息流动和资源配置具有重要的启示作用。智慧社区的协同治理不仅需要高效的信息共享机制，还需要合理的资源分配策略，以确保治理的高效和公平。在智慧社区中，信息技术的应用使得信息的收集、处理和传递变得更加迅速和便捷。然而，信息的流动并非无序，它需要遵循一定的规则和机制，以确保信息的准确性和及时性。③ 社会运行理论有助于理解不同利益相关者之间的信息传递机制，如政府、企业、社会组织和居民等，在信息流动中扮演着不同的角色，需要建立起有效的沟通和协调机制，

---

① 王涛春，金鑫，吕成梅，等．移动群智感知中融合数据的隐私保护方法［J］．计算机研究与发展，2020，57(11):2337-2347.
② 曹荣湘．数字鸿沟引论：信息不平等与数字机遇［J］．马克思主义与现实，2001，(06):20-25.
③ 肖晓雷，赵雪莲．我国跨境数据流动治理的研究综述［J］．信息网络安全，2022，22(10):45-51.

以实现信息的共享和利用。同时，资源的合理分配也是智慧社区协同治理的重要方面。资源包括社区的公共设施、服务、资金等，其分配需要考虑到社区的实际情况和居民的需求。社会运行理论有助于理解资源在社区内部的流动路径，以及不同利益相关者在资源分配中的角色和作用。这有助于制定更加公平、有效的治理策略，促进社区的可持续发展。因此，智慧社区的协同治理需要充分考虑到社会子系统之间的相互作用与制约，建立起高效的信息共享和合理的资源分配机制，同时也需要加强社区居民的参与和自治能力，让居民在智慧社区的建设和管理中发挥更大的作用，实现社区共建共治共享的目标。

综上所述，社会运行理论为智慧社区协同治理的研究提供了一种全面而深刻的分析框架，有助于理解智慧社区作为一个复杂社会系统的运行机制，以及在技术变革背景下社会秩序与社会变迁的动态平衡。运用社会运行理论，不仅有助于把握智慧社区治理的关键要素，还能为实现智慧社区的可持续发展和居民生活质量的提升提供理论指导。

四、协同治理理论

20世纪70年代，德国著名学者赫尔曼·哈肯提出了协同理论，并将协同学作为一门系统科学进行了深入的研究，其后，有诸多学者加入了协同学的研究队伍当中，并取得了丰硕的研究成果。具体而言，该理论研究的是在开放系统中，如何发挥其内部各子系统的自主协调作用，使其整体结构更为有序的问题，同时也从侧面反映了内部各子系统的融合度问题，从哲学角度来看，是一个从量变到质变完整过程的体现。[①] 该理论在实践中的应用主要是能够促进各

① 陆世宏.协同治理与和谐社会的构建［J］，广西民族大学学报（社会科学版），2006(06):109-113.

子系统之间的协调合作，推动整体实现从量变到质变的飞跃，是内部各子系统组织协调能力的具体体现。

协同治理中的"协同"并非仅仅是简单的相加，而是相互作用的延伸，体现了合作效率的最大化。国内外学者就协同治理展开了详细概述，其内涵主要有以下三个方面：第一，协同是治理方案规划过程的协同。对于治理的核心在于协同，能够使各方面力量发挥最大的功能和优势，彼此之间相互平等，协商治理方案，应对复杂的问题解决，能够兼顾不同利益主体、不同利益关系，设计出理性科学的协同治理方案，使决策能够朝着协同治理目标跟进。第二，协同治理要求互动与沟通，在协同治理期间需要众多主体共享信息，达成相互理解与协作，从而奠定合作协同的基础。第三。协同治理是基于善治延伸发展起来的，良好的协同治理能够推动各个目标任务顺利推进，降低治理成本，提高治理效率，并积累治理经验，从而推动治理的高效化、创新化以及品质化的治理。

而在当前社会背景下将该理论应用于我国的社会实践，则可称之为协同治理理论，具体指的是在社会公共生活中，政府、企业及社会公民等多方力量都应该参与到共同治理活动中，充分发挥其最大的功能，从而构建了一个更大更好的协同治理网络①。在这样的协同治理网络中体现了三个特征：多中心化特征，协同治理需要多个主体共同参与，政府不再是唯一的治理者，其需要转变角色定位，认可其他主体的治理能力，并为他们提供更多的治理机会与平台，各主体分散在各个协同治理网络节点上，在不同的网格内发挥了优势和功能，需要积极配合以实现协同治理的良好效果。协同化特征，强调了主体之间的协同关系，他们之间会随着治理活动形成良好的

---

① 蔡延东. 从政府危机管理到危机协同治理的路径选择［J］. 当代社科视野，2011(11):31-35.

互动关系，从而推动资源共享，责任共担、深入合作的氛围①。规则化特征，从某种程度上看协同治理是集体行动，需要设定明确的规则以保障治理主体按照规定路径执行②。在这一过程中，规则是主体们需要遵循的机制，也是彼此相互信任合作的基础。其中，协同治理的最大特点在于多元主体的参与，彼此之间保持平等协商，依据多元主体的利益关系进行协商处理，从而兼顾各方的利益，推动公共事务的有效解决。协同治理能够推动公共事务的创新发展，也是解决问题的重要机制之一。目前，日本、美国等国家已经开始广泛构建和应用协同治理，并在基层治理活动中取得了良好的运行成果。

五、数字治理理论

智慧社区依托数字化治理体系，实现现代信息技术与社区高效治理的深度耦合。数字治理理论是在数字化、信息化时代背景下，运用现代化信息技术与数据资源，优化公共管理与公共服务的理论体系和实践水平。这一理论的核心理念在于通过数字技术的应用，提高政府治理的效率、透明度以及公众参与度，从而实现政府、市场、社会等多方面的协同治理。数字治理理论的内涵主要包括以下几个方面：

第一，治理理念的创新。数字治理强调"以人民为中心"的发展思想，注重提升服务对象的体验和满意度，这意味着政府需要从人民的需求出发，通过数字技术的赋能加持，为人民群众提供更加便捷、高效和优质的服务。③它强调政府职能从传统的行政管理向

---

① 张贤明，田玉麒.论协同治理的内涵、价值及发展趋向［J］.湖北社会科学，2016(01):30-37.

② 李汉卿.协同治理理论探析［J］.理论月刊，2014(01):138-142.

③ 陈水生.城市治理数字化转型的整体性逻辑［J］.兰州大学学报（社会科学版），2022，50(06):72-80.

服务型政府转变，在这一动态性的过程中，政府不再仅仅是规则的制定者和执行者，更是公共服务和公共产品的提供者和人民需求的响应者。数字技术推动了政府与人民之间的互动，使得人民群众能够更加直接地参与到政策制定和公共事务的管理中，进而增强了政府的透明度和公众的信任度。

第二，治理结构的优化。数字治理理论主张构建多元化的治理结构，既涉及政府内部结构的优化，又强调政府与外部资源的整合，以实现更广泛的协同治理。社会中多元且异质的要素在流动中得以扩散，形成了多维度的政策诉求。① 通过信息技术整合政府内部和社会的资源，打破信息壁垒，促进政府、市场、社会和个人等多元治理主体的协同治理。②

第三，治理手段的现代化。数字治理就是运用大数据、云计算、人工智能等现代信息技术手段，精准地、系统地、全面地收集、处理、分析治理数据，为科学准确地制定政策决策提供理性认识，从而提高治理的科学性、准确性和及时性。"数字化生存成了一种常态，相应地，数字化也引发了政府治理手段的嬗变，进而影响到围绕治理手段的一切制度体系。面对如此的社会巨变，政府治理手段必须变革，才能达成善治的国家治理目标。"③ 通过数据分析和信息反馈，政府能够更加精准地把握社会需求、监测社会状况、回应社会问题，制定和实施适应性政策，提高治理的针对性和有效性。

第四，治理过程的透明化。数字治理强调治理过程的公开与透明，通过政务信息的公开，以提升政府决策的公众参与度，从而增强决策的科学性和民主性，同时也便于社会监督，从而提高

---

① 向玉琼. 流动社会中数字治理的优势、风险与完善［J］. 探索，2022，(02):153-163.
② 孟天广. 数字治理生态：数字政府的理论迭代与模型演化［J］. 政治学研究，2022，(05):13-26+151-152.
③ 章剑生. 数字化时代政府治理手段的变革［J］. 浙江社会科学，2022，(01):53-54.

了政府的公信力。具体而言，治理过程的透明化首先体现为信息的共享性。政府部门运用互联网和数字化平台适时地发布政策、规划、预算、公共服务信息等相关内容，从而实现了数据的开放共享，让民众能够随时获取最新的政府信息。此外，治理过程透明化还表现为政务的公开与过程的监控。[①]政务公开不仅局限于政务信息的发布和人民群众对于信息的接收，更重要的是政府政策的公开以及人民群众的有序参与。数字化媒介实现了政府工作流程的实时监控，使得开放性的决策制定更加凸显出决策的科学性、规范性、民主性、人民性。

---

① 周文彰.数字政府和国家治理现代化［J］.行政管理改革，2020，(02):4-10.

第二章　智慧社区及其协同治理的主要内容

智慧社区作为当前城市发展的焦点，不仅代表着新型社区形态的兴起，也标志着社会治理的创新模式。本章将深入探讨智慧社区及其协同治理的具体内涵，为智慧社区的建设和发展提供有价值的见解。本章将对智慧社区建设的主要内容进行分析，包括核心技术、业务场景、运营模式以及基本创新结构。通过对这些内容的深入探讨，可以更准确地把握智慧社区建设的内涵、目标和路径。同时，本章将重点探讨智慧社区协同治理的主要内容，包括协同治理的主体、客体、工具、方式和保障。通过对这些内容的分析，可以深入理解智慧社区协同治理的内在机制和实现路径。通过对智慧社区及其协同治理内容的全面分析，本章将为智慧社区的建设和发展提供有益的参考，以期推动智慧社区治理的创新和进步。

第一节　智慧社区建设的主要内容

智慧社区以新一代信息技术为核心，通过技术创新和多元化组织体系的融合，正逐步提升社区治理水平，优化居民生活质量。随着信息技术的飞速发展，智慧社区的建设内容也日益丰富和多元，从基础设施的智能化改造，到社区服务的个性化升级，再到居民参与和社区治理的创新模式，每个环节都凝聚着社区居民对未来社区生活的美好憧憬和不懈追求。

一、智慧社区建设的核心技术

（一）物联网技术

物联网技术（IoT）作为智慧社区建设的核心技术之一，扮演着至关重要的角色。物联网是指通过互联网、通信网络和传感技术，将物理设备、环境、系统和人相互连接，进行信息的自动采集、传输和处理，实现智能化控制和管理的网络系统。在智慧社区中，物联网技术的应用不仅极大地提升了社区治理的效率和效果，而且极大地改善了居民的生活质量。通过在社区内部署各种传感器和设备，物联网技术能够实时收集和处理关于环境质量、能源使用、交通流量和其他关键指标的数据。这些数据经过高效地分析和处理，能够为社区治理提供科学的决策支持，实现资源的最优配置和风险的及时防控。

物联网技术在智慧社区建设中的应用主要体现在几个方面。首先是环境监控。通过安装空气质量监测器、噪声传感器等设备，物联网技术可以实时监控社区环境状况，及时应对空气污染、噪音过大等问题，保证居民的健康和生活质量。其次，物联网技术在能源管理方面的应用也非常广泛。智能电表和水表的使用，不仅可以实时监控能源消耗，还可以分析消费数据，引导居民采取节能措施，推动社区的绿色发展。再次，物联网技术在提升社区安全性方面也显示出巨大潜力。例如，通过安装智能监控摄像头和门禁系统，可以有效提高社区的安全防范水平，防止非法入侵和其他安全事故的发生。此外，物联网技术推动了智慧社区服务的多样化和个性化。智能家居系统的推广应用，使得居民能够更加便捷地控制家中的照明、暖气、空调等设备，提升居住的舒适度和便利性。同时，物联网技术还可以与健康监护设备相结合，为社区中的老年人或慢性病患者提供实时健康状态监控，及时发现健康问题并进行干预。这些服务的提供，不仅提升了社区居民的满意度和归属感，也为社区治理者提供了更加精细化、人性化的服务方向。

综上所述，物联网技术的应用为智慧社区的建设提供了强有力的技术支撑，不仅提高了社区治理的智能化水平，也极大地丰富和优化了社区居民的生活体验。随着技术的进步和应用场景的拓展，物联网技术将在未来的智慧社区建设中扮演更加重要的角色，推动社区治理和服务向更高层次发展。

（二）大数据技术

智慧社区的建设是当前城市发展中的重要方向，大数据技术在其中扮演着至关重要的角色。在智慧社区的日常运营中，海量的数据持续生成，涵盖了环境监测、能源消耗、居民行为等多个维度。这些数据的有效管理和分析，是实现社区智能化管理和提升居民生活质量的关键。大数据技术的应用不仅仅是智慧社区中数据处理的工具，更是推动智慧社区治理和服务提升的基础性技术。例如，环境监测数据可以帮助社区治理者实时了解空气质量、噪声水平，从而采取相应的措施改善居民的居住环境。此外，能源消耗数据的分析可以指导能源的合理配置和节能措施的实施，提升能源使用效率，减少浪费。

在社区治理的具体实践中，大数据技术的应用极大地丰富了管理方式和手段。通过对居民行为数据的深入分析，管理者可以更好地理解居民的生活模式和需求，进而优化社区服务，如调整公共交通运营时间和路线，以适应居民出行的高峰时段。同时，居民消费数据的分析不仅可以揭示居民的消费倾向和潜在需求，还可以为社区商业活动的布局提供科学依据，促进社区商业的繁荣和社区经济的发展。此外，大数据技术还能通过预测模型预测社区的发展趋势，为社区长远规划提供参考。

安全管理是智慧社区中一个不可或缺的方面，大数据技术在此领域的应用显得尤为重要。通过集成视频监控数据、访客记录和居民反馈等信息，可以实时监控社区的安全状态，及时响应各类紧急情况，有效预防和减少安全事故的发生。在公共卫生管理方面，大数据技术能够通过分析居民健康数据和公共卫生事件，为疾病预防控制和健康促进策略的制定提供科学依据。例如，通过对传染病数据的分析，社区管理者可以快速响应并采取措施控制疫情的扩散。

随着技术的不断进步和创新，未来智慧社区中大数据的应用将更加广泛和深入。智慧社区的大数据平台不仅将实现数据的高效管理和利用，还将通过人工智能、机器学习等先进技术进一步提升数据分析的精准度和决策的智能化水平。这不仅将极大提升社区治理的效率和效果，更将使居民享受到更加个性化、便捷的服务，真正实现以人为本的智慧社区建设目标。从长远来看，大数据和相关技术的创新将持续推动智慧社区向更加智能化、人性化的方向发展，为城市管理和居民生活带来革命性的改变。

（三）云计算技术

云计算技术作为智慧社区建设的核心支撑，其在数据处理和资源共享方面的能力为社区治理和服务提供了全新的解决方案。云计算的基本特性包括高效的处理能力、弹性的资源配置以及便捷的数据访问，这些特性使得它在智慧社区的多个方面发挥着不可替代的作用。首先，云计算通过集中式的数据管理，能够优化资源配置，降低运维成本，提高服务的响应速度和效率。在智慧社区中，通过云平台，可以实现对大量数据的高效处理和存储，包括居民信息、物业管理数据、环境监测数据等，这些数据的高效处理直接支撑了社区治理的智能化和精细化。

　　云计算架构还提供了强大的可扩展性和灵活性，这对于智慧社区的可持续发展至关重要。随着社区规模的扩大和服务需求的增多，云计算可以无缝扩展服务能力，无需额外的物理基础设施投入。例如，社区在遇到突发事件或节假日期间，可能会经历临时的服务需求高峰，云计算可以通过弹性扩展功能，迅速增加计算资源和存储能力，以应对这种短期的需求激增。此外，云计算平台支持多租户架构，为不同的服务提供商和社区居民提供定制化服务，极大地增强了服务的个性化和满意度。

　　在智慧社区的具体应用中，云计算技术可以整合各类社区服务平台，如智慧安防、智慧照明、智能交通系统等，通过一体化的控制和管理，实现数据的互联互通和资源的最优配置。例如，智慧社区中的视频监控系统可以通过云平台实时传输视频流，实现远程监控和紧急响应；智能照明系统可以根据居民活动和环境光线自动调整亮度，既节能又提升了居住舒适度。此外，云平台还可以支持高级数据分析和人工智能算法，对社区数据进行深入分析，预测未来趋势，为社区治理提供决策支持，比如通过分析居民的活动模式和偏好，优化公共空间的使用和社区活动的组织。

　　未来，随着云计算与物联网、人工智能等技术的深度融合，智慧社区的服务能力将得到进一步提升。边缘计算的引入能够在社区本地处理数据减轻云中心的计算压力，降低数据传输延迟，从而，提升用户体验。同时，智能合约等区块链技术的应用可以在云平台中提供更为安全、透明的数据处理和交易保障。通过这些技术的综合应用，智慧社区不仅能够提供更为智能、便捷的居住和管理环境，还能够在保障居民隐私和安全的前提下，推动社区治理向更加开放、共享的方向发展。

（四）人工智能技术

人工智能技术作为一项具有革命性潜力的技术，正在引领智慧社区的创新发展。人工智能（AI）通过机器学习、知识图谱、自然语言处理等先进技术，赋予机器类似人类的感知、理解、判断和决策能力，这一转变为智慧社区治理和服务提供了无限可能。例如，AI可以通过计算机视觉技术对社区监控视频进行智能分析，不仅实现实时安全监控，还能进行行为识别和异常行为的自动预警，大幅提升社区安全管理的效率和精确性。此外，自然语言处理技术的应用使得社区智能客服系统能够提供准确、及时地反馈和解答，极大地提高了居民的服务体验和满意度。

在智慧社区建设中，知识图谱技术的引入同样扮演了重要角色。通过构建详尽的居民画像和社区知识库，知识图谱不仅帮助管理者深入理解社区居民的需求和偏好，还能实现资源的精准配置和优化。例如，基于居民健康数据的分析，智慧社区能够提供个性化的健康管理和医疗服务，从而提升居民的生活质量和健康水平。此外，知识图谱还能优化社区服务的响应策略，通过数据驱动的决策支持，实现服务供给与需求之间的最优匹配。

人工智能技术还广泛应用于无人配送、智能巡检和智慧养老等多个领域。在无人配送领域，智慧社区通过部署自动驾驶或无人机配送系统，能够有效减少人力成本，同时提供更快速、更环保的配送服务。智能巡检系统利用机器视觉和传感技术，能够全天候监控社区的公共设施，实时识别和预警设施故障，显著提高社区设施的维护效率和安全性。在智慧养老领域，通过运用各类传感器和追踪设备，结合AI分析，可以为老年人提供全天候的健康监测和紧急响应服务，确保他们的安全与健康。

展望未来，随着人工智能技术的不断进步和创新，智慧社区的建设将进入一个全新的阶段——人机协同、跨界融合的智能化新时代。智慧社区不仅将成为技术创新的前沿阵地，更将成为社会治理现代化的重要实践场域。这一进程中，政府、企业和社区居民等多元主体的协同合作将是关键，只有通过共建共治共享的模式，才能充分发挥人工智能技术在智慧社区中的应用潜力，实现社区治理的智能化、精细化和人性化。因此，构建一个开放的创新生态系统，加强技术研发和应用的深度融合，将是推动智慧社区协同治理发展的关键策略。

（五）5G 通信技术

5G 通信技术，作为信息通信领域的一次重大革命，通过其高速、低延迟和大容量的特征，为智慧社区的构建提供了坚实的技术基础。该技术使得大量数据的传输变得更为迅速和高效，是智慧社区发展不可或缺的支撑技术。在智慧社区中，5G 技术的应用主要体现在基础设施的建设与服务的提供两个方面，这两者相辅相成，共同推动社区向智能化和自动化方向发展。

第一，在基础设施的建设方面，5G 技术的引入极大地改善了社区内的网络环境。传统的 4G 网络由于带宽和延迟的限制，难以支持智慧社区中大量智能设备的实时连接和高效运行。5G 网络的高带宽和低延迟特性，使得社区内的各种智能设备如智能家居、安全监控摄像头以及环境监测设备等，可以实现高效的数据交换和实时的反馈响应。这不仅提升了设备运行的稳定性和效率，也为居民提供了更为便捷和安全的居住环境。

第二，在服务提供方面，5G 技术的应用极大地丰富了社区居民的生活体验。例如，虚拟现实（VR）和增强现实（AR）技术在 5G 环境下得到了广泛应用。居民可以通过 VR 技术参与到虚拟的社区活动中，如在线开会、虚拟旅游以及参与远程教育等，得益于 5G 的高速和低延迟，这些应用实现了无缝连接和实时互动。此外，增强现实技术则可以在居民日常生活中提供辅助信息，如导航、健康监护等，这些服务的实时性和准确性由 5G 网络保障。

综上所述，5G 通信技术在智慧社区建设中扮演着至关重要的角色。它不仅优化了基础设施建设，提高了设备互联的效率和稳定性，也为居民提供了高品质的生活服务，从而极大地提升了居住体验和社区治理的现代化水平。随着 5G 技术的不断发展和应用，预计未来的智慧社区将更加智能化、人性化和安全化。

（六）区块链技术

区块链技术作为一种革命性的信息技术，正逐渐成为智慧社区安全架构的核心组成部分。区块链的最大特点是其分布式账本技术，这种技术不仅支持去中心化的数据管理，还能提供不可篡改和完整的数据追溯系统。在智慧社区的应用中，区块链通过其独特的加密和共识机制，确保了数据传输和存储过程的安全性和透明性。例如，区块链技术可以用于构建安全的社区服务平台，通过这些平台，居民可以安全地进行各种交易和服务的访问，从能源交易到物业管理等，所有操作记录均被安全地记录在区块链上，实现信息的不可篡改与完整性验证。

区块链技术在智慧社区中的应用不仅限于数据安全，其在提高社区治理透明度和效率方面也显示出巨大潜力。通过部署区块链技术，智慧社区能够实现自治的运行机制，增强社区居民对于社区治理的信任和参与度。例如，区块链可以用于社区决策过程中的电子投票系统，确保投票的匿名性、公正性和不可逆性。此外，区块链通过智能合约自动执行社区资源和服务分配，减少人为干预，提高管理效率和响应速度。

与此同时，区块链技术在智慧社区中的实施也面临着一系列挑战，例如技术集成的复杂性、系统可扩展性的需求以及用户隐私保护等问题。为了克服这些问题，需要从技术和管理两个层面进行系统设计和优化。技术层面，要开发更高效的区块链解决方案，如使用更高效的共识算法来提高系统处理能力和降低交易成本。管理层面，则需制定相关政策和标准，确保区块链技术的应用不仅符合技术发展趋势，同时也符合法律法规和社会伦理标准。

　　未来，随着区块链技术的不断成熟和社区居民的认知提升，其将在智慧社区的建设中扮演更加重要的角色。通过与物联网、人工智能等其他先进技术的融合，区块链有望带来更加安全、高效和透明的社区治理模式。智慧社区的发展不仅能够提升居民的生活质量，更能在较大范围内推动社会信息化进程，实现数据的最大价值。因此，继续探索和优化区块链在智慧社区中的应用，将是未来智慧城市发展的重要方向。

二、智慧社区建设的业务场景

（一）政务场景：数字政府服务入口

　　智慧社区建设的政务场景主要目标在于构建一个面向社区居民的一站式数字政府服务入口。该平台通过整合和优化各级政府服务资源，简化业务流程，实现了居民在家门口就能享受到高效和便捷的政务服务。首先，智慧社区平台集成了包括人口管理、不动产登记、社会保障、医疗卫生、文化教育等在内的广泛政务服务领域，构建起涵盖居民全生命周期的一体化服务链条。居民可通过在线方式提交各类申请材料，后台系统将自动实现跨部门的数据共享与业务协同处理，从而大幅度简化办事程序并提升审批的时效性。

　　智慧社区运用了人工智能、大数据分析等前沿技术，以提供更加个性化和精准的政务服务。例如，平台能基于居民的行为画像和需求分析，主动推送相关政策信息和办事指南，确保信息的及时性和相关性。同时，针对居民在办理政务服务过程中可能遇到的问题，智慧社区提供智能问答和导航助手，以解答疑问并引导居民高效完成政务操作。这种技术的应用不仅提高了服务的响应速度，也增强了政务服务的互动性和友好性。

此外，智慧社区政务服务平台的实施，还促使政府服务模式从传统的线下窗口向线上数字平台转变。这一转变不仅提升了政府工作效率，也优化了资源配置，减少了居民在办理政务时的时间成本和经济成本。数字化服务入口的构建，使得政府与市民之间的互动更加直接和透明，同时也提高了政府服务的可达性和便利性。通过这种方式，智慧社区为实现全面便捷的电子政务提供了强有力的支持，有助于推动公共服务的现代化发展。

总之，智慧社区中的政务场景不仅简化了政府的行政管理流程，还通过技术创新提升了政务服务的质量和效率。作为连接政府与居民的桥梁，智慧社区的构建显著提升了居民的满意度和政府的公信力。未来，随着技术的进一步发展和应用，智慧社区在政务服务领域的作用将更加显著，为建设服务型政府和推动社会治理现代化提供坚实的技术和实践基础。

（二）商务场景：社区经济发展新引擎

智慧社区建设的商务场景，旨在通过科技手段改造和提升社区经济生态系统，从而推动社区经济的可持续发展。

首先，智慧社区的建设促使线上线下融合新模式的形成，通过智慧化平台集中社区内外的商业资源和消费需求，为实体商家提供扩展线上业务的机会。这种模式不仅包括传统的零售服务，还扩展到餐饮、家政等服务业，通过优惠促销、会员管理等多种营销策略，提升消费者体验和服务质量，从而激发社区经济活力。

其次，大数据技术的应用是智慧社区商务场景中不可或缺的一环。通过收集和分析商家经营数据与居民消费行为数据，可以深入了解社区消费者的需求和偏好。这种数据驱动的策略使得商家能够更精确地进行市场定位、优化商品与服务的供给结构。例如，数据分析可以揭示某些商品在特定时间段的消费高峰，商家可据此调整营业策略或推出有针对性促销活动，提高经营效率和顾客满意度。

再次，智慧社区还推动了共享经济的发展。通过智慧社区平台，可以有效地整合和利用社区内的各种资源，如共享停车位、会议室和健身设施等。这不仅提高了社区资源的使用效率，还为居民提供了更多便利和选择，促进了社区内经济的循环和社区服务的多元化。共享经济的推广促进了社区居民之间的互动与合作，增强了社区的凝聚力和活力。

最后，智慧社区是特色产业集群发展的良好基地。借助智慧社区的技术和平台优势，可以支持和促进具有地方特色的产业，如文化创意、康复养生、体育休闲等产业的发展。通过打造与社区特色相符合的产业集群，不仅能够增强社区的经济实力，还能提供更多就业和创业机会，增进社区居民的经济福祉和社会身份的提升。这种产业的集聚效应，无疑会进一步加速社区经济的繁荣发展，使智慧社区真正成为推动经济新常态的重要力量。

通过上述分析可以看出，智慧社区的商务场景不仅应用了先进技术，更构造了全新的社区经济生态系统。它通过技术和创新管理的方式，有效地促进了社区经济的多元化发展，增强了社区的经济活力和竞争力，为社区居民提供了更高质量的生活和服务，是推动社区经济发展的新引擎。

（三）服务场景：便民利民惠民新平台

智慧社区建设的服务场景，旨在通过整合线上线下资源，打造一个协同多方、便民利民的新型社区服务平台。

首先，构建社区服务综合信息平台成为基础工作。这一平台通过整合住房、物业管理、家政服务、养老和医疗等多种服务资源，建立起一个统一的服务标准与质量评价体系。该系统不仅能够为社区居民提供一站式服务体验，还能实现服务供需之间的高效对接，从而大幅提升服务的可获得性与透明度。例如，居民可以通过一个统一的界面，了解各类服务的详细信息，选择适合自己的服务，并直接进行预约或购买。

其次，推动社区服务模式的创新也是智慧社区建设中不可或缺的一环。通过鼓励物业公司、社会组织等利用现代信息技术，开展智慧化的社区服务。具体措施包括智能化的楼宇门禁系统、无人值守技术的应用、远程抄表和缴费系统的实施等。这些技术的应用不仅提高了服务效率，也优化了服务质量，为居民带来更多便利。同时，探索通过互联网实施的订单抢单、众包等新型服务采购模式，这些模式能够促进服务主体的专业化和市场化，从而更有效地满足居民的多样化需求。

最后，加强公共服务的智能化应用，是智慧社区服务场景建设的重要方向。具体包括推广智慧健康、智慧养老、智慧教育等智能应用，实现社区公共服务的智能感知、智能分析、智能决策和智能服务。例如，通过建设社区智慧健康服务中心，提供远程问诊、健康监测等服务，为社区居民带来更便捷、更个性化的医疗体验。同时，构建"虚拟养老院"等模式，为独居老人提供紧急呼叫、日常生活照料等服务，这不仅提升了老年人的生活质量，也为社区的养老服务体系带来了创新。

总体而言，智慧社区的服务场景建设，通过"互联网＋服务"的模式，不仅改善了社区的服务效率和质量，也促进了服务方式的创新。这种多方参与、共建共享的新型社区服务生态，有效提升了居民的获得感和满意度，形成了一个既符合现代科技发展又贴近居民生活需求的社区新环境。通过这些措施，智慧社区能够不断推动社区治理和服务的现代化，为社区居民创造更加美好和便捷的生活条件。

（四）家务场景：智能家居应用新体验

智慧社区建设在家务场景中的实际应用，体现了科技如何深入家庭日常生活，提升居住体验与生活质量。首先，智能家居系统的推广是解构传统家居管理方式的关键。通过整合物业管理、家电制造商及通信运营商等多方资源，居民可以享受到从智能家居设备的选择、安装到维护的一站式服务。此外，物联网和人工智能技术的应用，使家庭中的各种设备如家用电器、照明系统、安防及环境监控设备等实现互联网连接与智能控制，不仅大幅提升了居家生活的便利性，也增强了系统间的协同工作能力。

家庭服务的智慧化是提升居民生活质量的重要途径。鼓励物业服务公司与第三方服务平台合作，提供如家政服务、维修预约及快递接收等多样化的在线家庭服务，这些服务的智能化不仅提高了服务的响应速度，也保证了服务质量的稳定性。同时，社区内部的智能化设施建设，如智慧型快递箱和智能垃圾分类回收站等，进一步方便了居民的日常生活，展示了智慧社区在生活便利性提升上的实际成效。

智慧家居带来了家庭互动的新变革。利用人工智能、虚拟现实与智能语音交互技术，可以在家庭娱乐、健康管理等方面创造出全新的互动体验。例如，通过智能语音助手控制家庭设备，或在虚拟现实环境中进行健身与娱乐活动，这些技术不仅提高了家庭生活的趣味性，也符合现代家庭对健康管理的需求。此外，开发针对特定家庭成员如儿童与老年人的智能服务机器人，能够提供更加个性化且功能性强的服务，满足不同家庭成员的具体需求。

综上所述，智慧社区在家务场景的建设通过高新技术的应用，不仅极大地丰富了家庭生活的内容，也提高了居住的安全性与舒适度。这种技术驱动的家庭服务模式，展现了智慧社区建设在促进居民生活质量提升方面的潜力与效果。随着技术的不断进步与创新，未来智慧社区的家务场景将更加多样化，能更好地满足居民的个性化需求，推动社区生活向更高层次的智能化与人性化发展。

三、智慧社区建设的运营模式

（一）政府投资建设模式

政府投资建设模式在智慧社区的建设与运营中扮演着核心角色。在该模式中，政府不仅是策划者，同时也是主要的资金提供者。政府对智慧社区的投资通常来源于公共财政预算，以及各类政府专项基金，确保项目顺利推进。此外，政府负责智慧社区的整体规划和设计，制定清晰的发展目标和实施路线，以确保项目能够系统而全面地执行。在实施过程中，政府部门通常采用公开招标的方式选择合适的企业进行建设和后续的运营管理，确保项目的专业性和技术的先进性。通过这种方式，政府投资建设模式强调了政府在智慧社区建设中的主导作用，同时也体现了政府与市场的合作机制。

政府投资建设模式的优势在于能够有效集中资源，进行大规模的基础设施建设和高新技术应用。由于智慧社区项目往往需要大量的初始投资，这种模式可以利用政府的财政优势，快速推动项目的启动和实施。政府的参与还能够保证项目的公共性和普惠性，使智慧社区建设惠及更广泛的公众。此外，政府的参与还有利于跨部门合作，可以整合不同部门的信息和资源，推动智慧社区在数据共享、环境监控、公共安全等多个方面的协同发展。

然而，政府投资建设模式也存在一定的局限性。首先，该模式可能导致智慧社区项目的运营效率不高。由于政府机构通常不具备市场运作的灵活性，这可能影响到项目执行的效率和反应速度。其次，政府资金的依赖可能影响智慧社区的可持续发展。一旦政府财政出现问题或政策发生改变，项目的持续性和稳定性可能会受到影响。此外，过度依赖政府投资也可能抑制私营部门的参与和创新，降低智慧社区建设的多样性和创新性。

鉴于以上分析，政府在推动智慧社区建设时应考虑引入更多元化的投资和运营模式。例如，可以探索政府与私营部门合作（PPP）模式，利用私营部门的资金和技术实力，提高项目的市场化运作效率。同时，政府可以通过制定优惠政策和提供初始启动资金，鼓励更多的社会资本投入到智慧社区的建设中来。通过这些措施，不仅可以减轻政府的财政压力，还可以激发市场活力，推动智慧社区项目的创新和多元发展。

（二）市场化投资建设并运营模式

随着智慧社区建设进入快速发展阶段，一些地方开始尝试引入社会资本参与智慧社区的投资建设和运营，形成市场化的运作模式。在这种模式下，政府通过特许经营、公私合营（PPP）等方式，将智慧社区的投资、建设、运营等任务授权给社会资本，由社会资本按照约定要求进行建设和管理，并获得相应的投资回报。社会资本通常由房地产开发商、物业服务企业、互联网科技公司等组成联合体，发挥各自在开发建设、社区服务、技术研发等方面的专业优势，合力打造高品质的智慧社区。市场化运作有利于提高智慧社区建设运营的专业化水平和服务质量，更好地满足社区居民多元化、个性化的服务需求。

此外，市场化投资建设模式能够激发私营部门的创新活力，提升智慧社区项目的成本效益和技术前瞻性。私人企业在技术更新和客户服务方面拥有固有的竞争优势，能够快速响应市场变化并采用最新的技术解决方案。例如，通过使用大数据分析、云计算和物联网技术，社会资本可以更精准地理解居民需求，提供定制化的智能家居、健康监护、安全监控等服务。然而，这种模式也要求政府在政策制定和监管机制上进行创新，确保智慧社区项目既能达到商业目标，同时也能满足公共利益的要求。

然而，市场化投资建设并运营模式也存在一定的风险与挑战。首先，过度依赖市场力量可能导致基础公共服务的商业化，影响服务的普遍可及性和公平性。例如，社会资本为了追求经济利益，可能优先服务于收益较高的客户群体，而忽视或弱化对低收入居民的服务。其次，智慧社区项目涉及大量数据处理，数据安全和居民隐私保护问题尤其突出。这要求政府在推动市场化运作的同时，加强对数据安全的法律法规建设，确保所有居民的隐私权不被侵犯。

因此，构建一个有效的政策框架和监管机制是实现市场化投资建设并运营模式成功的关键。政府需要采取措施确保智慧社区建设既能引入社会资本的活力和效率，又能保障公共服务的公平和质量。这包括建立透明的选择和评审流程，以确保项目的公正性和透明度；制定严格的性能和服务标准，通过绩效评估机制监控社会资本的运营表现；以及引入多方利益相关者参与的机制，确保所有群体的利益都能得到充分考虑和妥善平衡。通过这些措施，可以有效地管理市场与政府之间的动态平衡，推动智慧社区向更加公正、高效和可持续的方向发展。

（三）政企合作模式

政企合作模式作为智慧社区建设的一种重要形式，其核心在于政府与企业之间的资源共享、风险共担和利益共享。在这种模式下，政府不仅作为政策制定者和监管者，还直接参与到智慧社区的建设和运营中。政府主要负责智慧社区的总体规划、土地供应、基础设施建设等关键资源的提供，而企业则利用其在技术、资金和管理上的优势，负责具体的建设和运营工作。这种合作模式能有效利用政府和市场的双重资源，通过政府的引导与企业的动力，实现社区服务的多元化和智能化。

政企合作模式能够加速智慧社区的建设进程，提高社区治理的质量与效率。在智慧社区的建设中，企业可以引入先进的技术和管理经验，如物联网、大数据、人工智能等新兴技术的应用，这些技术的应用能够大幅提升社区治理的智能化水平，改善居民的生活质量。同时，企业在运营管理中的参与，也可以带来更加专业化的服务，如智能安防、健康管理、环境监控等，这些服务不仅提升了居民的满意度，也为企业创造了新的经济增长点。

然而，政企合作模式也面临一系列挑战，尤其是在合作过程中的权责明确、利益分配和风险控制等方面。政府与企业在合作中往往存在不同的目标和利益诉求，如何平衡这些诉求，确保双方合作的公平性和效率，是政企合作成功的关键。此外，智慧社区项目通常需要巨大的初期投资与长期运营，如何设计有效的风险分担机制和利益激励机制，确保项目的长期可持续性，是政企合作中必须考虑的重要问题。

未来的政企合作模式应更加注重创新和灵活性，以适应快速发展的技术和不断变化的市场需求。政府在制定相关政策和标准时，应考虑到技术的前沿性和适应性，促进技术的创新和应用。同时，企业在参与智慧社区建设时，也应更加重视社区居民的需求和参与，通过建立更加开放和包容的社区环境，促进社区居民、政府、企业和其他社会组织的广泛参与和深度合作，共同推动智慧社区的健康发展。

（四）委托经营模式

智慧社区建设的委托经营模式涉及政府将智慧社区的某些建设或运营环节通过法定程序委托给专业化的第三方机构。此模式的核心在于，政府与第三方之间形成的是一种服务与委托关系，而非投资与回报的直接经济关联。因此，受托方主要承担建设或管理的具体任务，如技术支持、日常运营等，而不涉及智慧社区的资本投资。这种分离的操作机制可以使得政府减轻财政负担，同时利用专业机构的技术和管理优势，提升项目的专业化水平。

在实际运营中，委托经营模式能够根据项目的具体需求，灵活选择合适的合作伙伴。例如，在智慧社区的建设阶段，政府可以将信息基础设施的建设、智能化设备的集成等技术密集型任务委托给具有高技术能力的企业。这样不仅可以确保技术的先进性和适应性，还可以通过竞争性招标等方式，确保项目的成本效益最大化。同样，在运营阶段，政府可以选择将物业管理、安全监控、公共服务的提供等日常管理工作委托给经验丰富的服务机构，这些机构通常具备更专业的服务能力和更高效的管理模式，能够在保障社区运行质量的同时，提高居民的满意度和生活质量。

然而，委托经营模式也对政府的监管职能提出了更高的要求。政府部门需要建立一套完善的监督和评价体系，对受托机构的运作效率和服务质量进行定期检查与评估。这包括但不限于，制定明确的服务标准、绩效指标以及相应的奖惩机制。此外，政府还需要加强与居民的沟通，确保居民需求能够得到有效反映，并在服务提供过程中得到妥善处理。这种双向的监管机制不仅能够保证服务的质量和效率，还能增强居民对智慧社区运营的信任感和满意度。

总之，智慧社区的委托经营模式是一种有效的管理策略，它利用市场机制中的专业能力来补充政府在技术和管理方面的不足，通过精细化、专业化的运作方式，优化资源配置，提高服务质量。但同时，这种模式也要求政府在政策制定、合作伙伴选择、监督管理等多个方面担负更多的责任，确保整个智慧社区建设和运营过程的顺利进行。通过这种模式，可以最大化地发挥智慧社区在城市社区治理中的作用，推动社区治理向更加智能化、精细化的方向发展。

四、智慧社区建设的创新结构

（一）技术嵌入：重构社区数字基础设施

智慧社区建设的核心在于利用新一代信息技术重构社区的数字基础设施。物联网、大数据、云计算、人工智能等技术推动了社区各要素的数字化、网络化和智能化，深刻改变了社区治理和服务模式。智慧社区通过部署广泛的智能感知设备，实现对社区环境、资源消耗、居民活动等各方面的全面监测和数据采集。这些数据通过物联网技术传输至中央处理平台，为社区治理提供准确的数据支持。此外，大数据平台的建设有效整合了历史和实时数据，突破了数据孤岛，优化了数据的存储、管理和分析过程，使得数据能够为社区治理和决策提供科学依据。

人工智能技术的引入是智慧社区技术结构的另一重要方面。通过应用机器学习、深度学习等算法，人工智能不仅提高了数据处理的效率和精确性，还赋予了系统预测和自动决策的能力。例如，在社区安全监控领域，人工智能可以实时分析监控画面，自动识别异常行为，及时通知管理人员进行处理。在居民健康管理方面，通过分析居民的健康数据，人工智能可以提前预警潜在的健康问题，为居民提供个性化的健康建议和医疗服务。这种技术的应用显著提升了社区服务的质量和效率，同时也增强了居民的生活体验和满意度。

云计算技术为智慧社区的信息架构提供了强大的支持。通过云平台，智慧社区能够实现资源的弹性扩展和按需分配，保证了各类应用的高效运行。云计算的应用不仅降低了智慧社区建设和维护的成本，还提高了系统的稳定性和扩展性。社区治理者可以根据实际需求快速调整资源配置，有效应对突发事件。同时，云平台还为居民提供了丰富的网络服务，如在线教育、远程医疗、智能家居控制等，极大地丰富了社区居民的生活方式和提高了居住的便利性。

综上所述，智慧社区的建设依托于先进的信息技术，通过技术的深度融合和应用，不仅重构了社区的数字基础设施，还促进了社区治理模式的革新。这些技术的集成应用，不仅提升了社区治理的智能化水平，还改善了居民的生活质量，增强了社区的可持续发展能力。未来，随着技术的进一步发展和应用，智慧社区将更加智能、高效和人性化，为居民创造更加安全、便捷和舒适的生活环境。

（二）组织互嵌：构建多元协同的组织体系

智慧社区的建设是一个复杂的系统工程，不仅需要依托先进的技术支撑，更需建立一个相匹配的多元化组织体系。在这种背景下，组织互嵌模式成为构建智慧社区协同治理的关键。该模式强调不同组织之间的密切协作与功能互补，旨在通过多元主体的共同参与，形成高效的治理结构。政府、社区组织、企业、社会组织及居民等各方，都是这一体系中不可或缺的组成部分。

首先，政府的角色应当是提供政策支持、规划引导和资源整合。政府不仅是智慧社区建设的推动者，更是顶层设计的制定者。通过制定相关政策和标准，政府可以为智慧社区的建设提供明确的方向和稳定的发展环境。例如，政府可以通过财政资助和政策优惠，激励企业和社区组织参与到智慧社区的建设和运营中来。此外，政府还需要在数据共享、隐私保护等方面建立相应的法规制度，保障智慧社区运行的安全与效率。

其次，社区组织作为连接政府与居民的桥梁，承担着信息传递和需求反馈的重要职责。社区组织的有效运作可以增强社区居民的归属感和参与感，是智慧社区建设中不可或缺的一环。通过组织居民参与社区活动，收集居民意见和需求，社区组织能够确保智慧社区的服务与居民的实际需求相匹配，促进服务的个性化和精准化。

再次，企业作为技术和服务的提供者，在智慧社区建设中起到核心作用。企业通过提供智慧技术解决方案，如物联网、大数据分析和人工智能等，可以极大提升社区治理的智能化水平。企业不仅能够通过商业模式的创新推动技术的应用，还可以通过技术服务提升社区居民的生活质量。因此，企业与政府、社区的紧密合作，可以保证智慧社区技术的持续更新和高效运营。

最后，社会组织和居民志愿者在智慧社区建设中同样扮演着重要角色。社会组织可以在专业领域提供咨询和服务，协助解决社区治理中的具体问题。居民志愿者则是社区活动的参与者和推动者，他们的参与可以增强社区的凝聚力，提升治理的透明度和公众满意度。通过建立志愿者数据库，定期举办培训和交流活动，可以有效提升居民参与智慧社区治理的能力和热情。

综上所述，构建一个多元协同的组织体系是实现智慧社区有效治理的关键。该体系需确保各参与主体在智慧社区治理中发挥其独特作用，通过政府的顶层设计、社区组织的基层动力、企业的技术创新和社会组织与居民的广泛参与，共同推动智慧社区朝着更加智能、高效和人性化的方向发展。这种多元主体的合作模式不仅提高了社区治理的效率，还增强了社区服务的适应性和创新性，为居民创造了一个更加和谐、便捷的居住环境。

（三）制度创新：建立协同治理的制度规范

智慧社区协同治理的实施不仅依赖于技术革新和组织效率的提升，更需配套的制度创新以确保治理体系的规范性与可持续性。

首先，制度创新应包括建立与智慧社区建设相关的法律法规体系。这一体系需要明确界定智慧社区建设中各利益相关方的权利与责任，确保各方行为规范，以使居民的合法权益得到有效保护。在法规制定上，应综合考虑当前技术与管理实际，制定全面而系统的顶层设计及具体实施细则，同时预留足够空间以适应未来技术与应用的发展。

其次，制度创新还应建立多元主体间的协同治理机制。智慧社区的协同治理不应仅限于政府与居民之间，还应包括企业、社会组织等多方力量。应通过建立线上线下相结合的协商议事平台，充分发挥各方的治理能力，形成有效的沟通与合作机制。例如，可以通过社区 App、虚拟议事厅等方式，提供居民表达意见和参与决策的渠道，实现民主谈判、协商议政等多样化的民主形式，从而促进共情共识与合作共赢。

最后，智慧社区的运营监管与评估制度亦是制度创新的重要组成部分。为了保证智慧社区建设与运营的质量与效果，必须建立起独立的第三方监测和评估机制。通过定期的建设成效和居民满意度评估，不仅可以及时发现并解决存在的问题，还可以将评估结果与社区治理者及相关参与方的绩效考核、表彰奖励等相挂钩，形成有效的激励与约束机制。

总而言之，制度创新是智慧社区成功建设与高效运营的基石。只有通过持续的法律法规更新、多元主体的有效协同以及严格的监管评估体系，智慧社区的治理才能真正实现其目标，即创建一个高度自治、高效服务、充分智能化的居住与工作环境。这不仅需要政策制定者的前瞻性思维，还需要所有社区成员的共同参与支持，共同推动社区治理向更高水平发展。

（四）文化融合：塑造智慧包容的社区文化

技术的应用与进步为智慧社区建设提供了坚实的基础，然而，技术本身并不构成社区发展的全部。智慧社区建设的根本目的在于服务于人、造福人类，这要求在技术推广和应用过程中，必须着重考虑到人文关怀，塑造一个具有包容性的社区文化。

首先，智慧社区的发展应当以居民的需求为导向，充分尊重和反映居民的意愿与选择。这不仅涉及服务的提供方式，更关乎服务内容的设计，确保服务能够精准地满足不同居民的个性化需求，从而增强居民的获得感和幸福感。智慧社区的建设，应当是一个从下至上的需求响应过程，而非单向的技术推广。

其次，随着智慧社区概念的普及和技术的渗透，居民的数字素养显得尤为重要。因此，加强对智慧社区的宣传教育，提升居民的数字素养和参与意识，是构建智慧社区的关键步骤。通过举办培训活动、工作坊等多种形式，普及智慧社区相关知识，不仅可以帮助居民掌握必要的技能，更能激发居民参与社区治理的积极性。这种参与不仅限于利用技术解决问题，更包括在智慧社区建设过程中，居民对各种政策和措施的反馈和建议，形成共建共治共享的社区治理结构。

此外，智慧社区的建设也是社区文化构建的新平台，它为促进邻里间的交流与互动提供了新的可能。智慧社区通过线上平台与线下活动的结合，不仅能够丰富居民的文化生活，还能加强社区成员之间的联系，增强社区的凝聚力。例如，通过社区应用程序组织在线论坛、虚拟展览以及文化节庆活动，居民可以在不受物理空间限制的情况下进行交流，这种模式能够有效地激发社区活力，增强居民对社区的归属感和认同感。

最后，智慧社区的建设应当注重文化的传承与创新，尤其是在弘扬社区传统美德和促进社会和谐方面。社区中的红色物业管理、志愿服务等，都是智慧社区文化建设的重要组成部分。通过这些活动，不仅提升了社区服务的效率，更重要的是通过共享和互助，营造了一种积极向上、和谐共生的社区文化氛围。智慧社区的终极目标，是通过技术的支持与文化的熏陶，实现社区居民生活方式的优化和生活质量的提升，真正达到以技术服务人文，以人文引领技术的社区发展新模式。

第二节　智慧社区协同治理的主要内容

智慧社区的协同治理核心在于治理的协同化，包含基层政府、社区自治组织、非营利组织、辖区企业和社区居民等多元主体。这些主体通过线下综合服务中心和线上智慧社区信息平台，共同参与城市社会治理、社区治理和社区服务。智慧社区协同治理的具体内容包括两个方面：一是基层政府、相关企业和社区社会组织与居民通过线上线下平台，在基层政府治理和提供社会公共服务方面，开展自愿平等的协作。这种协作模式促进了政府与民众之间的互动，提高了治理的透明度和公众参与度。二是智慧社区利用线上线下服务平台，整合社区内外部资源，构建协同治理机制。这不仅提升了基层政府的治理能力，还改善了社会公共服务的质量，最大限度地提高了社区公共事务的效率。通过这种协同治理模式，智慧社区能够更有效地响应社区需求，提供更高效、更便捷的公共服务，从而推动社区的和谐发展和居民生活质量的提升。

一、协同治理的主体——多元主体共同治理

智慧社区的协同治理涉及多元主体,根据经济学中的供需理论,这些主体可分为供给方和需求方。供给主体包括政府组织、社区自治组织、非营利组织和企业组织,它们通过社区综合服务中心和智慧社区综合信息服务平台,作为社区治理与服务的提供者,满足居民对社区事务和服务的需求。需求主体则是智慧社区的居民。智慧社区协同治理的多元参与主体结构可以简化为社区公共服务的供求结构。如图 2-1 所示,智慧社区治理的多元主体依托社区线下综合服务中心和智慧社区信息服务平台,建立协同互动关系。社区居民作为需求受众,其满意度直接影响智慧社区的治理效度。社区治理中的供给主体,只有在有效满足居民多元化需求的前提下,供需关系才能匹配,从而提升智慧社区协同治理的水平。

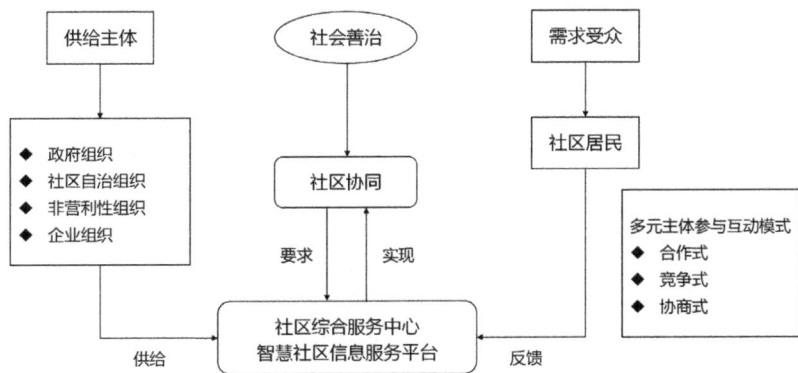

图 2-1 智慧社区协同治理中多元主体的关系

社区治理的转型,关键在于主体角色的转变。传统模式下,社区治理主要依赖于政府作为单一主体,而现如今,社区治理需要社

会力量的广泛参与，包括社区居民和社会组织等。当前，社区治理面临诸多问题，如社区参与度不高等。作为城市居民的基层组织，社区的参与效能、信息沟通和诉求机制等，都可能对居民的参与意愿产生影响。为了提升社区居民的参与积极性，应当从打造和创新参与平台、参与制度及参与内容等方面着手。具体而言，在平台和制度层面，应建立一套完整的参与、反馈、对接和落实机制。在内容方面，应以满足居民的实际需求为核心重点。

二、协同治理的客体——智能化的公共服务

智慧社区是新形势下社会治理创新的产物，代表了一种全新的社区治理理念和模式。智慧社区通过运用现代化的 4C 技术（即计算机、通讯及网络、自控、IC 卡），并借助有效的传输网络，将多元信息服务与管理、物业服务与安防、住宅智能化系统集成起来，为住宅小区提供高科技含量的智能化服务和管理，以实现快速高效的超值服务和管理，并提供安全舒适的家居环境。智能化是一个跨行业、多学科的技术工程，需要建筑设计部门、施工部门、软件开发商、系统集成商、网络产品供应商的紧密合作。例如，智慧物业管理通过大数据收集和分析，利用物联网运行平台、智慧设备设施管理平台、社区资产及服务运营平台等应用，实现智慧化管理，为各类客户提供规范化、精细化、专业化、定制化的服务。具体到居民小区，智慧社区旨在为居民的日常生活提供更加便捷、精准的服务。以居民出行为例，通过大数据的采集和分析，系统平台可以预判居民驾车出行情况，并根据小区周边道路通行情况，提前为居民发送出行信息，规划合理的出行路线，帮助其避开拥堵道路。此外，根据居民的出行习惯，在私家车位闲置时，系统还可以将车位租借给临时停放的社会车辆，实现资源再利用。物业公司还可以将整个小区的出行数据信息提供

给交管部门，交管部门可以根据出行情况合理安排交警指挥引导，确保道路通畅。

　　智慧社区公共服务的供给主体包括政府、社区自治组织、社会组织以及相关企业等。政府在智慧社区建设中的主要职能是制定政策、提供资源和监督管理。近年来，政府不断加大社区治理的人力、物力、财力投入，形成了"人往基层走、钱往基层投"的良好态势。目前，许多地方政府都将社区建设纳入财政预算，智慧社区建设的资金比传统社区建设资金要多得多，政府部门如文化、体育、教育、卫生等纷纷将资金投入到智慧社区建设中。社区自治组织通过组织自治章程参与式管理，社会组织帮助政府提供公共服务，通过他律和自律，相关企业，包括物业管理企业和商业服务企业等，提供资源参与公共服务的提供。因此，智慧社区的协同治理需要充分利用社区多样化的治理资源，政府和社会力量多方联动，多平台、多维度提供智能化的公共服务，形成共建、共治、共享的局面。

三、协同治理的工具——多元信息共享平台

（一）"互联网＋政务服务"平台

　　基层政府要实现高效和常态化的社会治理，必须利用智慧社区信息服务平台。通过加强"互联网＋政务服务"建设，可以提升社会治理效能。以"数据多跑路，群众少跑腿"为原则，全面发挥"互联网＋政务服务"的优势，推动社区企业及居民线上"一网通办"，线下"只进一扇门"，现场办理"最多跑一次"。为了满足"互联网＋政府服务"的发展需求，提高智慧社区的协同治理效能，需要加快政府信息资源的相互认可和共享，推动服务事项的跨区域远程处理，跨层次联动处理，跨部门协同处理，逐步构建国家综合服务体系。进行政府服务的大数据分析，掌握并预测公共服务需求，

提供智能化和个性化服务，将被动服务转化为主动服务。引入社会力量，借助第三方平台提供预约查询、证书发放、网上支付等服务；依法有序开放在线政府服务资源和数据，鼓励公众、企业和社会事业单位开发利用，提供多元化和创新性便利服务。

（二）多元信息共享平台

智慧社区的协同治理要求政府、非政府组织、居民及其他各方通过互动、协商与合作对公共事务进行统一治理。互联网作为建设智慧社区的基石，连接社会中的个人与组织，促进频繁互动。传统社区信息系统通常仅提供单一社区应用程序，而多元信息共享平台超越单一形式，从智慧社区的直接参与者的角度分析实际功能与性能需求。依据社区信息交互对智慧城市建设的需求，整合基础架构、集成能力、可扩展性、数据交互标准以及信息安全规范等因素，提出适应不断变化的功能需求的社区信息共享与管理服务的系统架构。面向智慧社区数据采集与共享需求，构建社区基础数据库、社区运营数据库、社区大数据存储分析平台，采取循序渐进的策略，逐步扩展数据，实现数据采集，并提供外部服务模式，开放数据收集接口、数据共享服务接口、增值数据服务接口和数据挖掘接口，实现基于服务的社区数据共享。

（三）信息化协同平台

智慧社区协同治理体系的构建，依托智慧社区综合信息服务平台，实现线上线下协同互动，多渠道全方位满足社区居民多元需求。随着社会经济的不断发展，居民需求的差异化和个性化特征日益显著，因此，只有将协同治理的理念融入社区建设，才能满足人们不断变化的需求，实现以人为本的理念。综合信息服务平台可以有效地推动政府与企业以及其他社会组织之间的交流与合作，促进社区协同治理体系的建立；同时能够提高居民对社区治理的参与度，通过发表对各权力主体行为的意见和建议，提高居民的社会活动参与热情，也有助于各权力主体改善其工作作风和提升公共服务水平。各主体之间共同处于一个统一的权力框架之内，形成了一个相互制约、协同合作、互相监督、共担风险的治理机制，是当前构建智慧社区治理服务体系的必然要求。我国智慧社区协同治理体系的结构如图 2-2 所示。

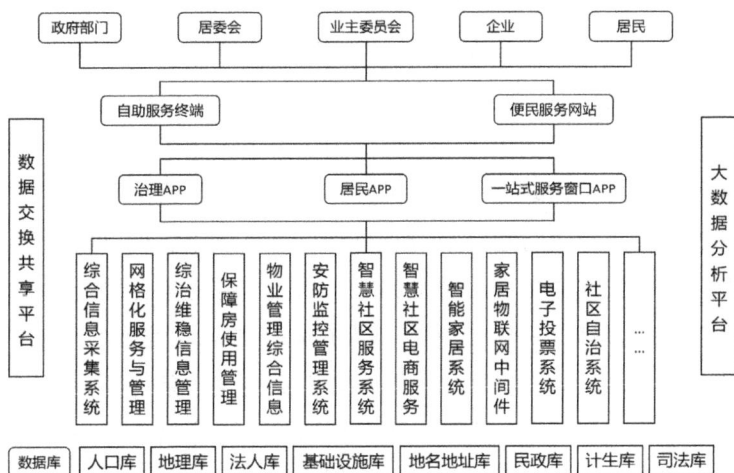

图 2-2 我国智慧社区协同治理信息化平台

四、协同治理的方式——网格化治理全覆盖

网格化的全面覆盖，推动精细化管理。根据 2014 年住建部发布的《智慧社区建设指南（试行）》，智慧社区的管理模式采用网格化管理，引入网格治理理念，以社区网格为载体，建立社区网格服务管理的长效运行机制。在社区治理方面，智慧社区的协同治理要求社区实现网格治理的全面覆盖，从而提高问题发现和处理的效

率以及完成专项任务的效率。通过网格化治理理念，依托智慧社区网格化服务管理系统，构建以"街道—居委会—网格"为基础的区域精细化分层管理体系。建立社区网格服务管理信息数据库的同时，运用信息化手段，借助 PDA 设备，开发专门为网格工作人员使用的 App 应用程序，并与网格服务管理平台连接以集成数字城市管理，公共安全防范，计划生育普查，社会状况和舆论收集，流动人口和租赁房屋管理等功能结合，并实时掌握，受理和反馈各类社会状况和舆论，处理紧急情况并收集基础数据。

智慧城市通过将以大数据、互联网、物联网、人工智能、数字孪生和区块链为代表的新一代信息技术与 Wiki 和社交网络等通信终端工具相融合，实现对现实城市的全方位感知，并且智能化地处理和分析信息。对政府事务，民生，环境安全，公共服务以及工商活动等各种需求进行智能响应和智能决策，从而实现以用户创新，开放创新，大规模创新为特征的城市和人的综合生存能力，以及协同创新。可持续发展是基于数字城市的城市信息化发展的高级形态。为了建设优质的智慧社区，除了具备充足的技术条件外，基于支持社区治理方法的机制创新亦是不可或缺的，而网格治理和智慧城市理念为实现城市和社区的现良好治理提供了基础。因此，将网格治理作为智慧城市建设系统的核心内容加以推广，能够为智慧社区的建设提供有力支持。

五、协同治理的保障——自治权力运行顺畅

智慧社区的权力体系是协同治理的核心，也是保障有效治理的关键。与单一的行政性组织相比，智慧社区的治理需要涵盖民生各个方面，包括行政、经济和社会事务等。因此，该体系应该是多元的，避免单一主导，以更好促进社会协同治理和良性发展。因此，智慧社区的协同治理的首要任务是优化社区权力运行体系，实现社

区治理主体多元化，形成"强国家—强社会"的良性互动关系。智慧社区权力体系的多元化和去中心化，有助于提高社区治理的效率和质量。在智慧社区中，政府、企业、社会组织和居民等各方共同参与社区治理，形成共建共治共享的社区治理格局。这种多元治理主体可以充分发挥各自的优势，实现资源的最优配置和利用，提高治理效率。同时，多元治理主体之间的协同合作，可以增强社区的凝聚力和稳定性，促进社区的和谐发展。

协同治理要求各参与主体之间建立信任和合作。因此，协同治理权力分配应该是开放的，具有以下特点：权力主体多元化、权力关系多样化、权力运作互动化。具体来说，智慧社区的治理权力应包括党的基层执政权、社区的自治权和政府的行政权，具体配置见图 2-3。

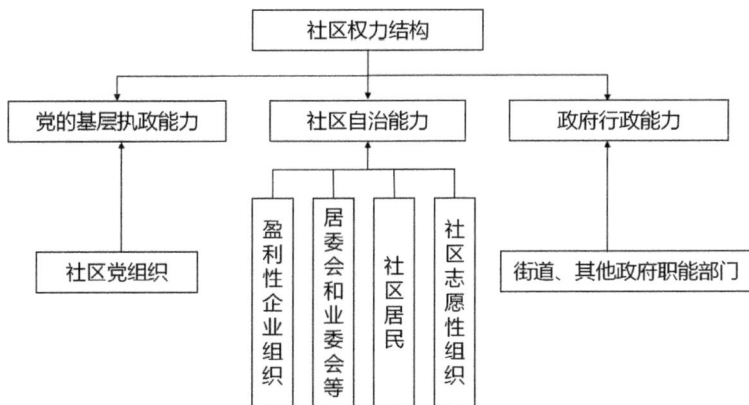

图2-3 智慧社区协同治理的权力结构配置

社区治理的意义在于优化整合社会资源，为社区居民提供优质公共服务。因此，权力配置旨在最大限度地整合资源，使各权力主体充分发挥作用，整合优质资源，最终实现居民利益最大化。[①]实践表明，社区治理中实现权力多元化并非终极目标。各权力主体间必须形成动态运行机制，以实现互动合作，更好地影响、控制和整合社区资源。通过良好的互动合作和相互制约，可以维持各主体权力的相对均衡。

---

① 刘娴静.多维架构中社区组织与权力网络整合研究［J］.学理论，2013(29):60-62+111.

第三章　智慧社区协同治理的实践案例

在当前城市化进程加速推进的背景下，智慧社区作为城市治理的新型模式，正逐步成为提升城市生活品质与治理效能的关键途径。本章将探讨智慧社区协同治理的实践案例，深入剖析国内外具有代表性的社区，展现智慧社区建设如何通过政府、市场及社会力量的紧密协作，融合科技创新与人文关怀，推动社区治理走向智能化、高效化和可持续化。从新加坡的政府引导与社区自治相辅相成，到韩国以技术为驱动的社区深度参与，荷兰开放合作模式下的创新社区治理，以及日本政社合作中的人文关怀，这些案例不仅展现了协同治理的多元化路径，同时也揭示了智慧社区建设的共通原则。在国内，深圳、成都、合肥和徐州等地的实践，进一步证实了政社协同、政企协同、多方协同的可行性与有效性，为智慧社区的本土化发展提供了宝贵经验。

第一节　国外典型案例分析

新加坡的智慧社区以政府主导和社区自治为核心，实现了政府与社区的深度融合。韩国的实践案例则侧重于技术驱动和社区参与，强调创新技术的应用和居民需求的重要性。荷兰的智慧社区强调开放合作和可持续创新，以居民需求为导向，通过技术创新提高社区服务水平。日本则体现了政社合作和人文关怀的智慧社区治理，强调技术应用与人文关怀的有机结合。这些案例表明，智慧社区协同治理需要政府主导，多元主体参与，以及信息技术的有效应用。

一、新加坡：政府引导与社区自治的有效融合

（一）发展概况

新加坡，这个位于赤道附近的热带岛国，以其极高的人口密度及一流的城市规划而闻名。尽管国土面积仅有 665.5 平方公里，却容纳了近 500 万人口，社区的划分依据具体需求和发展状况，而非传统意义上的省市划分。每个社区都具有其独特的地理位置和功能，从而塑造了该国高效且有序的城市结构。在新加坡独立初期，社区治理和规划方面面临着严峻的住房短缺问题，仅有 9% 的城市居民能够获得标准公共住宅，而高达 84% 的家庭不得不居住在店铺或简陋的棚户之中。为了解决这一社会矛盾，新加坡政府采取了政府投资与市场机制相结合的策略，开展了大规模的市区重建和住房供应调控。针对中低收入群体，政府投资兴建了大量的公共住宅，通过有偿提供的方式满足他们的住房需求。这些公共住宅被称为"公共组屋"，成为许多家庭的理想选择。而对于高收入者，政府则鼓励市场提供住房，形成了"公馆式公寓"等多元化的住房形态，以满足他们的不同需求和偏好。通过这种政府主导的住房供应机制，新加坡成功地解决了住房短缺问题，为不同收入层次的居民提供了适宜的住房选择，同时也推动了城市的可持续发展和社会稳定。

智慧社区的住房模式实现了从基本住宅（组屋）到综合性服务设施（邻里中心）的转变，体现了新加坡发展模式的演进。此外，新加坡政府还重视住房的社区建设和配套设施。邻里中心、公园、学校、医院等设施一应俱全，为居民提供了便利的生活条件。同时，政府还积极推动智慧社区的建设，运用现代科技手段提高社区的管

理效率和居民的生活质量。通过政府投资与市场机制相结合的方式，新加坡成功解决了住房短缺问题，满足了不同收入层次的住房需求。同时，重视社区建设和配套设施，提高了居民的生活质量。这一系列措施不仅促进了城市的可持续发展，也实现了社会的稳定与和谐。新加坡的这一模式，为其他国家提供了宝贵的经验和借鉴。在智慧社区的发展方面，新加坡同样走在了前列。政府推动下的智慧社区建设，通过引入先进的信息通信技术和智能管理系统，提升了社区的管理水平和居民的生活品质。从智能家居、智能交通，到智能公共服务，新加坡的智慧社区建设覆盖了生活的各个方面。居民可以通过智能手机应用预约公共服务，实现远程医疗咨询，或者通过智能停车系统便捷地找到停车位。这些创新技术的应用不仅提高了生活的便利性，还推动了社会数字化进程。新加坡的智慧社区建设，还特别强调了绿色环保和可持续性。社区内广泛种植绿树，配备智能灌溉系统，减少水资源浪费。同时，推广绿色建筑和节能设备，降低能源消耗，减少对环境的影响。通过这些措施，新加坡的智慧社区不仅实现了高效的城市管理，也为居民创造了一个宜居、环保的生活环境。

新加坡的智慧社区模式，是城市规划与科技创新相结合的典范。它不仅解决了住房问题，还通过智能化手段提升了城市服务的质量和效率。新加坡的经验表明，智慧社区是城市可持续发展的重要途径，也是未来城市发展的必然趋势。

（二）运行模式

1. 运行机制

新加坡智慧社区的建设备受世界瞩目，其社区治理模式是典型的政府主导下的居民自治。政府行为与社区行为紧密结合。在政府层面，政府部门设置了专门的社区组织机构；在社区层面，在社区内设各种形式的派出机构。政府通过直接的自上而下管理方式对社区进行治理，形成了政府统筹、政府实施、区域层面和社区层面四个层次，从而相互配合完成社区的建设与运行。

新加坡智慧社区的发展模式充分体现了政社协同合作。政府部门负责制定社区智慧化发展规划和评估指标，同时引导社区组织自主运作并收集居民反馈。根据居民需求，政府调整智慧社区建设策略，并依据社会服务标准对自治组织的绩效进行评估，合理分配资金。在智慧社区建设中，政府鼓励居民自主参与管理，增强居民参与意识，从而推动社会持续发展。针对新加坡社区治理的运作方式，以下从智慧社区治理的完成方式、经费来源、政社系统的关系呈现等方面来进行分析。

社区治理方式呈现。社区治理可以通过多种方式实现，其中包括中介服务、公益服务和独立经营服务。首先，中介服务是一种重要的治理方式。政府可以集中社区信息资源，传达到相关部门和机构，以满足居民需求。同时，政府也能将相关信息有效传达给社区居民，以获得他们的支持和参与。其次，公益服务是另一种关键方式。政府可以通过筹集福利基金来支持社区治理，储备人力、物力和财力，以确保社区的正常运作。最后，独立经营服务是一种市场化运作的方式。社区可以将一些公共设施以市场化形式运营，如民众俱乐部等，以获取经营收入，提高社区自给自足的能力。这些不同方式的结合，能够有效促进社区治理的发展，提高社区居民的生活质量和参与度，推动社区的健康发展。

社区经费来源方面。经费的构成主要分为两个部分，包括政府拨款和社区赞助。政府拨款包括行政经费、活动经费以及专项经费，其中行政经费主要用于维持人民协会和民众联络所的日常运作，举行大型活动或其他专项支出，由社区组织申请，政府根据需要补助。社会赞助款项主要由企业，其他组织机构赞助以及个人募捐获得。

为了鼓励社会对社区活动的赞助，政府制订了经费配搭计划，鼓励企业社会机构和个人对社区活动进行长期赞助。

新加坡的社区组织在结构上被设计为中立且具有民间性质的自治机构。然而，政府通过任命社区领袖及议员对社区事务的积极参与，实际上对社区组织施加了显著的影响力。从结构层面为智慧社区建设奠定了基础，其中议员可能身兼数职，包括领导选区党组织、担任市政理事会的关键职务、管理社区基金会以及作为人民协会的顾问。政社的联动关系体现于社区组织通过与政府的多元化互动以实现自身目标，同时政府亦依赖这些基层组织来达成其政策目标并获取公众的支持。因此，智慧社区建设中的政社协同不仅体现在政府与社区之间的互动，更是政府实现其政策目标和社会认同的关键机制。这种政社协同的筹资模式不仅有利于智慧社区建设的可持续发展，还能促进社区成员的参与和社会责任的共担，进而推动社区治理的现代化和智能化。

2. 服务内容

新加坡的智慧社区所提供的服务内容，涵盖了居民日常生活中的各个方面，包括公益服务、物流运输、商业运营、家政服务等众多领域。一是社区物业服务方面，新加坡的物流服务享誉全球。其主要表现为在特快专递服务的高效运输能力，为了满足不同客户的时间配送需求，该运输服务还是能够提供一站式的解决方案。二是社区商业服务。这项服务最能体现居民的基本商业需求，结合了智慧社区的基本服务功能和商业功能，通过"邻里中心"的结构模式增强建筑的基本功能，配套一项便民的基础设施，旨在提升社区与居民之间的商业黏性，提供基本的生活服务之余，为社区交通环境提供了更合理的商业结构。三是社区公益服务。新加坡政府通过培养社区服务人才，举办一系列社区竞赛和社区慰问活动，增强了社区居民对社区的认同感。智慧社区能够实现公益资源的优化配置。

社区可以准确地掌握居民的需求，有针对性地开展公益活动，使资源得到更加合理地分配和利用。借助智能技术，公益活动可以实现精细化管理，从活动策划、组织、实施到评估，每个环节都可以得到有效监控和优化，从而提高公益服务的质量和效率。

从服务内容的角度出发，以为居民提供安全、舒适、便捷、现代化的社区环境为目标，结合了硬件和软件两个方面。在硬件方面，例如智慧停车场配备电子车位监控系统；邻里中心安装智慧电风扇，根据环境和人流量自动启动或调节风速。软件方面包括"一站式"服务端口，提供住房申请、税务申报等服务；开发"一联通"系统，促进居民参与城市管理。新加坡的公共服务设施建设便捷易达，公共交通网络覆盖广泛，地铁、轻轨、公交构成完善的交通骨架，实现楼群间无缝连接。市镇布局犹如棋盘，市镇中心为生活核心和交通枢纽，分为多个邻里和楼群，居民可便利享受购物、休闲服务，日常生活基本无需外出。

新加坡的智慧社区治理体现了以人为本、服务至上的精神理念。以下将分别从四个方面分析新加坡智慧社区治理的主要特征，即政府主导、资源整合、民众参与和党建融合。

在政府主导方面。政府在智慧社区建设中的政社协同策略，不仅体现在对社区基础设施和服务体系的科学规划上，而且表现在通过财政投入和绩效评估机制上。首先，政府在社区规划与管理方面采取科学的方法，推动社区服务的持续优化和公共资源的合理配置。这包括在社区之内综合考虑居民需求，规划并建设包括教育、商业、休闲、文化、医疗、体育等多元化便民服务设施。通过综合有效的智慧治理手段，进一步提升设施管理的服务效率。这种综合性的规划旨在提升居民的生活质量，并通过智慧技术手段优化这些设施的管理和服务效能。其次，政府在社区治理中扮演了极其重要的角色，在财务扶持领域表现尤为突出。在社区基础设施维护方面，政府承担了约 90% 的费用；在日常工作运营上，政府也承担了大约 50% 的费用；同时，政府还负责支付社会专业人员的薪酬。政府还会根据居民的需求和服务的质量标准来评估服务机构的绩效，并据此分配经费。这种基于绩效的经费分配机制，旨在激励服务机构提供更高质量的服务，同时确保公共资源的高效利用。

在资源整合方面，打造智慧社区包含了两个关键的资源整合方面：一是对组织资源的整合，二是对人才资源的整合。在组织资源的整合方面，新加坡政府积极倡导并支持非政府组织参与社区治理。除了已经设立的人民协会、社区发展理事会和市镇理事会等机构外，还有众多的慈善和志愿者团体致力于社会福利和救助事业。这些组织通过提供专业服务，承担政府项目，并开展包括辅导、咨询、教育和援助在内的多种活动，有效地实现了政府向社区购买服务的目标。人才资源的整合则体现在新加坡政府推行的"社区精英管理"理念上。政府精心选拔社会各界知名人士加入基层组织，参与社会服务，使得许多社区领袖都是其领域的佼佼者。他们发挥个人影响力，热衷于社区治理，鼓励居民参与邻里互助和志愿活动，从而推动社区可持续发展和进步。

在社区居民参与方面。虽然政府主导社区治理发挥着关键性的作用，但是社区居民的参与也同样发挥着辅助性和基础性作用。新加坡通过建立多样化的基层组织，其中包括社区发展理事会组织，始终坚持"社区即家，家为社区，爱家，爱社区"的宗旨，将社区居民治理资源汇聚起来，积极投身于社区活动和社区治理。最终呈现出"政府为主，社区为辅"的政社良好协同局面。

在党建融合方面。在智慧社区建设的大背景下，新加坡的执政党——人民行动党，采取了一系列创新措施以确保政策的制定与民众需求之间保持同步，从而赢得了选民的高度信任。首先，党组织在基层组织建设方面进行了深化，确保党员和国会议员同时担任选区党组织的核心职责，并规定他们必须定期与选民进行面对面的交流，以便及时解决选民所面临的各种难题。各级党组织要将焦点集中在深入了解选民群体上，积极争取他们的认同和支持。其次，党组织依托"人民行动党社区基金"，在社区层面推出了经济实惠的幼儿园项目，确保经济条件较差的儿童也能够享受到优质的学前教育；此外，党组织还为妇女提供了一系列服务，保障她们的社会权益；同时，针对中低收入家庭，党组织推出了住房补贴等社会保障措施。通过这些举措，人民行动党在智慧社区的环境下，实现了政府与社会的协同合作，为社区居民提供了更加全面和便捷的服务。

（三）典型案例——榜鹅北岸智慧社区

新加坡榜鹅北岸智慧社区，作为全球智慧城市发展的先行者，不仅展示了现代城市规划与科技创新的深度融合，更生动诠释了新加坡智慧社区建设中政社合作的独特模式。榜鹅北岸位于新加坡东北部，总面积达 9.57 平方公里，它从昔日的渔村蜕变而来，如今已成为融合高科技、生态环保与人文关怀的智慧新镇，这一转变背后，政、企、民三方面的紧密合作起到了决定性作用。

新加坡政府在榜鹅北岸智慧社区建设中扮演了引领者与协调者的角色，通过"榜鹅21+"发展蓝图，确立了智慧社区的建设方向，强调可持续性、创新科技与居民福祉的结合。政府不仅制定政策框架，提供财政支持和税收优惠，还积极引入公私合营（PPP）模式，鼓励私营部门参与基础设施建设与服务供给，确保项目经济可行且高效执行。例如，政府与私营企业合作开发智能交通系统、智能照明与垃圾处理方案，这些措施不仅提高了城市管理效率，还降低了运营成本，为居民创造了更宜居的环境。在企业参与方面，新加坡政府与本地及国际科技企业紧密合作，将最前沿的技术应用于智慧社区的各个方面。企业通过创新解决方案，如智能家居系统、智能安防、绿色能源管理等，不仅提升居民生活质量，也促进了产业的创新发展。例如，榜鹅水滨台组屋的智能建筑设计，通过与企业的合作，实现了自然通风、节能减排，展现了生态与科技的完美融合。此外，榜鹅数码园区的建设，作为新加坡首个智慧城镇项目，集合了政府、企业和新加坡理工大学等高等学府的力量，共同打造产学研一体化的智慧生态，不仅为社区带来 2.8 万个就业岗位，也促进了知识经济的发展。

社区居民的参与是智慧社区建设中不可或缺的一环。新加坡政府鼓励居民通过社区咨询机制、居民协会等平台，参与社区规划与决策，确保智慧化项目贴合居民实际需求。例如，通过"邻里脉搏"等社区服务平台，居民可以便捷地反馈社区问题，参与社区活动，增强社区凝聚力。同时，政府与社区组织合作开展智慧生活教育项目，提升居民数字素养，确保所有人都能享受到智慧科技带来的便利。榜鹅北岸智慧社区在生态环境上的重视，同样体现了政社合作的成效。政府与环保组织携手，实施生态修复项目，保留大量绿地和水体，打造如榜鹅水道这样的标志性景观，同时推广生态住宅和绿色交通，减少碳足迹。榜鹅北岸的气动垃圾收集系统，不仅提升了环境清洁度，也减轻了清洁工人的负担，这背后是政府与企业合作推动环保技术应用的成果。

总而言之，新加坡榜鹅北岸智慧社区的建设，是政府、企业和居民三方面合作的结晶。政府通过前瞻规划和政策引导，为企业创新提供舞台，同时确保居民的声音被听见，共同推进智慧社区的建设。这一模式不仅提升了城市治理效率，改善了居民生活质量，还促进了经济发展与环境保护的平衡，为全球智慧城市建设提供了宝贵的经验和启示。

二、韩国：技术驱动与社区参与的智慧治理

（一）发展概况

韩国作为一个土地面积狭小、人口密集的国家，其城市规划面临着严峻的挑战。针对如此有限的空间，如何有效地提供适宜的居住环境和社区服务，成为韩国城市发展的重要课题。韩国的社区布局呈现出高度集中的特点，邻里之间紧密相连，便利设施和公共服务汇聚于社区中心，这种布局方式为居民提供了便捷的生活方式。居民之间的互动与交流得以加强，同时也使居民能够便捷地享受到各类服务和设施。

韩国的智慧社区发展水平较高，政府对此给予了充分的重视，不仅在政策层面提供了支持，还在资金投入方面给予了大力支持。物联网、大数据以及人工智能等前沿技术的应用，使得韩国的社区治理和服务变得更加智能化。首尔等地积极推动智慧社区建设，通过 U-City 计划，以遍布整个城市的互联网网络，方便市民使用各项社会服务。首尔市政府致力于实施"智慧首尔 2015"计划，旨在解决市民日常生活中的问题，努力打造一个人本、创新、以信息技术驱动的智慧城市。

韩国智慧社区发展的重要特点之一是社区治理云平台与智慧社区综合信息平台的结合。这种结合实现了社区治理的数字化和智能化。社区治理云平台为政府部门和社区治理者提供了一个集中管理、协作和决策的平台，该平台能够实时监测社区运行情况、居民需求和问题反馈，从而更加高效地进行社区治理和服务。而智慧社区综合信息平台则整合了各类数据资源和信息服务，为居民提供便捷的生活服务和社区信息查询，促进居民参与社区事务和共建共享。这种结合为韩国智慧社区发展注入了新的活力，提升了社区治理的效

率和透明度，同时也增强了居民对社区的归属感和参与感，推动着社区的可持续发展与进步。韩国的智慧社区发展模式以其高效、创新和人性化的特点，为其他国家和地区提供了可借鉴的经验，展现了智慧社区在提升居民生活质量和推动社会发展方面的巨大潜力。

在智慧社区的建设过程中，韩国政府充分发挥了引导作用。政府提供了政策支持和资金投入，推动了智慧社区的建设和发展。同时，政府还通过制定相关法规和标准，确保了智慧社区建设的质量和安全。此外，政府还鼓励企业和居民积极参与智慧社区的建设，形成了政府、企业、居民共同参与的共建模式。韩国智慧社区的发展还注重居民的需求和体验。通过运用大数据和人工智能等技术，智慧社区能够精准地了解居民的需求，并提供个性化的服务。例如，智慧社区可以通过数据分析了解居民的生活习惯和偏好，从而为居民提供更加便捷和个性化的服务。此外，智慧社区还注重居民的参与和互动。通过社区治理云平台和智慧社区综合信息平台，居民可以方便地参与社区事务的讨论和决策，提高了居民的参与度和社区治理的民主性。

（二）运行模式

1. 运行机制

韩国智慧社区的运行机制展现了政府、企业以及社区居民之间紧密的协作关系。政府在规划和监管方面扮演主导角色，通过制定政策、提供资金支持以及建立法律框架来推动智慧社区建设。而企业则为社区提供技术支持和服务供给，促进智慧社区的科技创新和发展。同时，社区居民也积极参与社区事务的决策和管理，通过民主决策和自治管理来维护自身权益。政府、企业和社区居民之间建立合作机制和沟通平台，实现了政企社协同作用，共同推动智慧社区的兴起，提高居民生活品质。

从社区治理云平台与智慧社区综合信息平台相结合的角度来看，韩国智慧社区的运行机制涵盖了多个方面：首先是稳步推进和合理衔接，从 20 世纪 70 年代开始工业化带动经济增长，到 20 世纪 90 年代后期认识到工业化对环境的影响，逐渐转向信息技术产业，并将发展信息技术纳入国家战略。其次是整体规划和顶层设计，通过"IT839"战略和"U-Korea"计划，着重发展移动通信和远程信息服务，为构建智能社会奠定基础。此外，贯彻"以人为本"的理念，加强 ICT 基础设施建设，整合城市管理框架，普及智能设备的使用，推动物联网发展。另外，坚持循序渐进推进智慧城市建设，通过投入资金支持、国产化核心技术等措施推动 U-City 项目的实施。政府统一领导并实行垂直管理，其中信息通信部和建设运输部在智慧城市治理中发挥着关键作用。最后，打造标志性智慧城市，如仁川松岛新城等项目，通过引入先进技术和建立互联网络，展示智慧社区的未来潜力。

2. 服务内容

首尔市正在积极构建一个多层次的网络体系，包括全面覆盖的免费 Wi-Fi 网络，专为政府内部通信设计的专用网络，以及遍布城市的天网监控系统。从 2003 年开始，首尔便启动了"e-首尔网"行政光纤网络的建设，并在 2011 年完成了对该网络的升级以适应移动互联技术的发展。为此，首尔开发了一系列智能手机应用程序，以"智慧首尔地图"为首，用户可以通过该应用搜索免费的 Wi-Fi 热点、图书馆和行政信息，并推广了基于 NFC 技术的支付系统。同时，首尔也在推动"智慧首尔 2015"计划，旨在提高智能设备的使用率，并协助新用户熟悉这些设备。

在社区设施管理方面，利用无线传感网络收集的数据，能够实时监控道路、停车场和地下管网等基础设施的运行状况。在城市安全领域，通过红外摄像机和无线传感网络的应用，火灾监测能够超越人类视线的限制，增强了灾难自动监测的能力。在城市环境管理上，智慧环境系统能够自动向市民的移动设备发送气象和交通信息，并提供户外活动的建议。此外，智慧交通系统管理公共交通和停车信息，并智能化地支持残疾人士出行和交通信号控制。在生活方面，一些社区或广场安装了环保的多媒体显示屏，通过先进的电子芯片技术，LED 的能耗得以降低。

在智慧信息管理方面，首尔市政府致力于通过信息化技术提升服务水平，构建起一个电子政府。市政府利用社交网络服务（SNS）进行施政通报，增强了市政府的透明度和互动性。通过完善"市民参与预算制度"和"首尔市民规划参与团"等项目，鼓励市民更广泛地参与到市政预算和城市规划等政府事务中来。目前，首尔市的行政审批、费用缴纳和证件办理等市政服务可通过移动终端随时办理。首尔市政府目前的重点是进一步拓展公共服务，确保电子政务服务能够"普及所有人"，以实现公平无差异的信息化市政服务和高效率、智能化的政府运作。这一系列措施展现了社区治理云平台与智慧社区综合信息平台相结合的成果，为首尔市的现代化发展提供了重要支持。

（三）典型案例——松岛智慧社区

韩国松岛智慧社区计划是一个由韩国政府、美国地产开发公司Gale、韩国钢铁集团 POSCO E&C 与 LG 合作推动的项目，旨在培育智慧城市新型产业并向国外推广的新型社区体系。松岛是一个位于黄海边的填海造陆项目，占地约 1500 英亩，为缓解首尔以外地区的人口过剩而进行的郊区扩张项目。这个项目的构想最初起源于21 世纪初，其定位是打造一个完全自给自足的高科技城市，期望未来实现零车辆、零污染、零拥挤的目标。这种乌托邦式的理想城市计划从根本上解决了首尔目前所存在的各种问题，旨在成为全新的全球经济中心，吸引人才和企业，从而在亚洲市场上获得充分竞争力。

韩国的创新治理模式是一种相对有限的开放式创新方式，融合了政府和企业之间的协作，以及内生性和外生性的混合。在这种模式中，政府在智慧社区治理中起到主要引导作用。政府部门负责智慧城市的整体规划和设计，以避免单一项目推进造成相关配套设施建设滞后，从而影响整个施工进度。

围绕社区治理云平台与智慧社区综合信息平台相结合的主题，韩国的智慧社区建设展示了如何通过综合的信息技术平台，实现社区治理的智能化和居民服务的个性化，同时也突出了政府在推动这一进程中的关键角色。在社区建设方面，围绕着 U-服务标准、U-生态建设，为每个社区配备了智能医院、智能交通、智能便利店等智能设备，通过强大的物联网技术，实现可随时随地提供交通、环境、住宅、福利等各种新型服务体验。如今，韩国 U-City 已复制到 40多个地区，各地方政府均有为期 5-10 年的 U-City 规划。

为了达成这些宏伟的目标，城市建设运用了一些世界领先的科学技术。连接各区域的道路都加装了感应器，监控能源消耗和交通状况，以作为可持续发展的量化方式，为城市所拥有的全球最高密度的 LEED 认证项目提供服务。松岛还拥有一个巨型海滨公园，配套有自给自足的灌溉系统，为居民提供了丰富的休闲空间。就居民个体而言，垃圾管道将生活垃圾运送至中央处理厂，自动分拣进行回收或焚化。即便是居民住宅也可以通过手机 App 进行控制，从制热制冷到照明亮度都尽在掌握。对于居民个体而言，智慧社区提供了更便捷的生活方式。例如，垃圾管道系统可以将生活垃圾运送至中央处理厂，自动进行分拣、回收或焚化。居民住宅也通过手机 App 实现智能控制，从制热制冷到照明亮度，一切尽在掌握之中。这些措施不仅提升了社区的整体管理效率，也提高了居民的生活品质和舒适度，体现了社区治理云平台与智慧社区综合信息平台相结合的优势所在。松岛的智慧社区建设还注重居民的健康和福祉。社区内建设了智能医疗系统，通过与医院的信息共享，居民可以随时了解自己的健康状况，并接受远程医疗服务。智能交通系统则通过实时数据分析，为居民提供便捷的出行建议，减少交通拥堵和污染。此外，社区还注重可持续发展的理念，推广绿色建筑和可再生能源的使用，为居民创造一个环保、健康的居住环境。

在松岛智慧社区中，政府、企业和居民共同参与社区治理，形成了一种合作共赢的局面。政府提供政策支持和资源配置，企业负责技术创新和运营管理，居民则通过参与社区活动和反馈意见，共同改善和提升社区环境。这种模式为其他国家和地区提供了可借鉴的经验，展示了智慧社区在提升居民生活质量和推动社会发展方面的巨大潜力。

总而言之，韩国松岛智慧社区计划是一个以培育智慧城市新型产业并向国外推广为目的的项目。通过加强政府与企业之间的协作，以及内生性和外生性的混合，松岛建设了一个完全自给自足的高科技城市，实现了零车辆、零污染、零拥挤的目标。社区治理云平台与智慧社区综合信息平台的结合，使社区治理更加智能化，居民服务更加个性化。松岛的智慧社区建设不仅提升了社区的整体管理效率和居民的生活品质，也为其他国家和地区提供了可借鉴的经验，展示了智慧社区在提升居民生活质量和推动社会发展方面的巨大潜力。

三、荷兰：开放合作与可持续创新的社区治理

（一）发展概况

在智慧城市与智慧社区治理领域，阿姆斯特丹属于先行者，以

高质量人居、可持续经济发展及有效利用自然资源为目标逐步发展出包括开放数据平台、智慧电网、智慧住宅、分布式能源存储、智慧出行和互联增强等诸多项目，政界、企业、研究机构和市民们共同发起并领导该计划，目前项目运行数量超过 70 个，相关合作伙伴数量超过 100 家。阿姆斯特丹被誉为世界首个实践智慧城市概念的地方，其根源并非始于 21 世纪的智慧城市计划（自 2009 年起），而可追溯至 16 世纪末期，当时荷兰阿姆斯特丹正逐渐转型为国际海上贸易中心。这一转型对于城市的发展至关重要，超过一半的全球船只选择在阿姆斯特丹的港口进行货物装卸，这一现象直接促进了其成为当时世界上最富裕城市之一。在这个过程中，阿姆斯特丹利用数字技术通过收集和利用船只、货物、目的地及所有者的详细信息，为贸易数据的使用和共享奠定了基础。这种对信息的系统化管理和应用，不仅允许交易者在不卸货的情况下进行交易，还能及时与市场上的其他货物比较，极大地提高交易效率。这些详尽的数据信息催生了现代股权交易的雏形，将"投资"这一概念推向了前所未有的广度和深度，使得广泛的社会阶层都能参与其中，信息的广泛分享确保了所有利益相关者都能获取必要的市场数据。

现代智慧社区的形成始于 2009 年，阿姆斯特丹专门建设了超级数据库，用于整合所有城市区域数据集，囊括地址、地价、医疗卫生、交通和教育等 12 万条数据。其中，乌得勒支大街（Etrechtsestraat Avenue）是协同合作的典范，城市和当地公司共同参与，使得街区能耗降低 10%。紧接着，荷兰搭建阿姆斯特丹智慧城市平台（ASC），用于管理项目并分享数据，聚焦基础设施与科技、供电供水与垃圾处理智能化、智慧出行、环形城市、管理与教育、市民参与、智慧城市研究院七大板块。云平台作为关键的技术支撑，有效地集成和处理来自居民生活的多源数据。社区层面的数据主要涵盖居住环境、交通动态以及能源消耗三个关键领域，为社区治理和服务优化提供数据支撑。首先,在居住环境方面,云平台收集的数据包括建筑与环境相关的核心指标,例如空气质量、水质和噪声水平等。这些数据不仅反映了居住环境的基础状况,还是评估居民生活质量的重要参考。其次,关于生活信息,平台聚焦于家庭能源消耗和自动化服务的应用程度。这部分数据揭示了居民的能源使用效率和科技应用普及率,是智慧城市推广节能减排和提升居民生活便捷性的重要依据。最后,个人数据的收集涉及用户的行为模式、性格特征及价值观等私人层面信息。这些信息有助于城市管理者深入理解居民的需求和偏好,从而在城市服务和政策制定中实现更加精细化和人性化的管理。

作为数据交互平台,云平台通过实时传输至"智慧城市网"平台,提升了数据的透明度和可访问性,更重要的是,它促使居民能够直接参与到城市治理过程中来,实现治理的民主化和智能化。数据透明度的提升意味着居民能够实时获取关于环境质量、能源使用、交通状况等方面的数据。这种开放性不仅增强了居民对城市运作的理解,也使得他们能够基于更为全面的信息做出更为理性的生活决策和提出建设性的建议;数据的可访问性确保了所有居民,无论其社会地位高低,都能获取到关键的城市运行信息。这种普遍的数据接入性是减少信息不对称,实现社会公平的重要手段;居民的参与性改变了传统的城市治理模式,从自上而下的决策过程转变为更加协商和参与的过程。居民可以通过平台反馈问题、参与决策甚至在社区级别自行发起项目。这种参与不仅提高了政策的接受度和有效性,也增强了居民对城市管理的信任和满意度,居民可以基于实时数据与专家共同探讨和解决社区中的实际问题,如噪声控制和汽车尾气排放等,这种协同的治理模式显著提升了政策的适应性和效果性,进一步强化了社区的凝聚力和居民的满意度。这种基于实时数据的智慧城市治理框架,不仅技术先进,更是在提高治理效率的同时，加强了社区内的民主参与和社会凝聚力，展现了现代城市管理的新趋势。这种"社区治理云平台与社区协同治理平台相结合"的模式为未来智慧社区的构建与完善提供了可持续、包容和高效的新路径，值得在全球范围内得到推广和应用。

（二）运行模式

荷兰智慧社区采取市场驱动、政府协调、企业主导与市民积极参与相结合的策略，形成了紧密结合社区治理的云平台和协同治理平台的"自下向上"创新模型。在这一模型中，荷兰尤其注重利用平台机制，优化政府、企业和市民之间的互动，实现各方优势的最大化。通过整合社会资源与技术创新，促进智慧社区的持续优化与迭代，不仅展示了跨领域合作的力量，也为智慧社区治理提供了动态性、适应性强的发展框架。

阿姆斯特丹鼓励市民参与到智慧城市创新活动之中，市民在智慧市民实验室建设中可以学习如何测量空气质量和水质状况，从而意识到自己需要对环境负责任；在屋顶革命中建立跨部门协调机制，涵盖政府、企业、社会组织和公众代表，定期讨论并评估环保措施的效果，不仅对生态系统有益，还美化了城市街景。此外，为加强政府与社会各群体的协同，阿姆斯特丹还设立专人负责收集老年人的意见，了解这部分人群的需求。

荷兰智慧社区的发展成功之处在于在公众便利与政府便利之间达成的微妙平衡，展示了智慧城市建设中政府与民众协同作用的典范。这一平衡的实现，不仅基于技术的创新和应用，更在于对公众参与机制的重视以及政府在城市管理和服务创新中的引领作用。首先，智慧城市的发展依赖于高度的数据集成和信息技术的应用，目的是提高城市管理的效率、改善市民生活质量，并促进可持续发展。在这一过程中，市民作为智慧城市的终端用户和受益者，他们对于城市服务的需求和反馈成为优化和调整服务的关键输入。例如，阿姆斯特丹通过引入开放数据平台，不仅提升了政府服务的透明度，也使得市民能够更加直接地参与到城市管理的决策过程中，通过数据分析和社会创新，共同探索城市发展的新路径。其次，政府的领导作用体现在对智慧城市核心项目的投资和推进上。通过前瞻性的政策制定和资金投入，政府为智慧城市提供了基础设施建设、科技创新以及法规环境的支持。例如，在阿姆斯特丹智慧社区，市政府不仅投资于智能交通系统、能源管理和数字化公共服务等基础设施，还致力于创建有利于创新和技术发展的环境，吸引众多科技企业和创新项目。在推进智慧社区项目时，充分考虑到社会公众的意见和需求，确保技术解决方案能够真正解决市民的实际问题并提高他们的生活质量。同时，通过建立有效的沟通和反馈机制让市民参与到智慧城市的建设和管理中来，不仅可以提高项目的接受度和满意度，还可以激发社会创新的潜力，形成政府、企业和市民共同参与的良性循环。

荷兰智慧社区通过将社区治理云平台和社区协同治理平台相结合，实现了技术与公众参与的有机整合。一方面，社区治理云平台以云计算为核心技术，提供高效、透明的信息处理与资源管理系统，其优势在于能够提供可扩展、灵活且成本效益高的计算资源。云平台集中存储大量社区数据，从居民信息到资源消耗数据等，所有数据都可以在云端更新和维护。这种集中化的数据管理方式不仅提高了数据处理的效率，同时也保证了数据的实时更新，使得社区层面能够快速响应各种变化和需求。借助云平台更为合理地分配社区资源，云平台通过提供开放的数据访问接口（APIs），允许居民查看关于社区治理的决策数据和操作历史增强治理过程的透明度，提升居民信任和参与度，为社区协同治理提供强大支撑系统。另一方面，社区协同治理平台则确保了居民的参与权和社区的民主化。这种结合不仅提高了治理效率，还促进了居民的积极参与，云平台是通过技术手段实现社区成员、管理者和其他利益相关者之间合作的工具，通过提供在线互动平台与即时的沟通机制，居民得以轻松表达观点和需求，与邻居及社区治理者进行对话，有助于建立更加紧密的社区联系，提高决策的透明度和包容性。平台作为信息发布与共享的中心，社区成员有权及时了解社区事务的最新动态与管理决策，确保信息的公开与透明是提高协同治理质量与公平性的重要基础。居民不仅仅是服务的接受者，更是服务的提供者与决策的参与者。这样的治理模式强调了社区内部的合作与共治精神，也使得社区能够更灵活地应对各种挑战，如环境问题、老龄化问题等。

（三）典型案例——ReGen Village

荷兰的智慧社区代表现代智慧社区发展中的前沿模式，这些社区通过集成先进技术和综合性策略，不仅追求技术革新，也深入探索可持续生活方式和社区自治的新形式，展现了高科技的集成应用，体现了多元利益相关者之间的深度协同。一方面，荷兰智慧社区这些智慧社区强调环境的可持续性和资源的循环使用。通过高产有机农业、再生能源的混合使用的云循环系统，实现食物、能源、水资源的自给自足，显著降低对外部资源的依赖，提高资源使用效率，减少对环境的负担。另一方面，智慧社区的设计和规划注重政社合作，尤其强调居民参与和社会凝聚力，通过共享资源和共同维护的方式，促进居民之间的互动和社区内的和谐生活。此外，社区的多功能用地规划和公共交通系统的高效设置，也深刻体现了对居民日常需求和生活质量的重视。从协同治理的视角，智慧社区的建设涉及政府、企业、学术界和居民的广泛合作。这种跨领域的合作不仅确保了项目决策的民主性和透明度，增强了居民对社区发展的归属感和满意度。通过灵活应变的策略和用户需求导向的设计，社区能够更好地适应居民的实际需求，同时提升居民对社区项目的接受度和参与度。

ReGen Village 作为荷兰创新的智慧社区开发项目，致力于通过智慧化手段实现全面自给自足的生活方式。该项目融合了如下核心理念，旨在构建综合性超级循环平台系统。通过高产有机农业实现食物自给，利用先进的农业技术与方法来提升农作物的生产效率和质量。其设置的"产能房屋"设计旨在通过建筑的方式优化能源效率，实现能源的自给自足。再生能源的混合使用和储集是该项目的另一个关键方面，通过太阳能、风能等可再生能源的综合利用，大幅降低对外部能源的依赖，水资源管理和废物循环系统的设计，不仅确保了水资源的合理利用和循环，也通过废物的回收利用减少了环境污染。社区营造的理念强调了居民的参与和社区凝聚力的建设，旨在通过共享资源和共同维护，促进社区内部的持续发展和和谐生活。这一综合性的设计不仅体现了技术创新和环境保护的理念，也展示了荷兰智慧社区发展的新模式，为可持续发展提供了全新的解决方案。

从协同治理的角度，在智慧社区的综合规划与设计中的公平目标方面涉及历史文化的保护与利用，用地功能的合理规划，步行交通的便利性，这些因素共同作用于邻里社区的融入与发展。一方面，用地功能层面上，通过混合开发模式的应用规划出多功能区域来满足社区成员的多样化需求，不仅提供了必要的商业和休闲设施，也促进了地区经济的多元化发展，增强了社区的自给自足能力，这种用地配置通过技术手段呈现并优化，提供了物质基础和社会基础。另一方面，规划注重高效且环保的公共交通系统与步行友好的环境结合，通过数字技术分析邻近的高流量公共交通节点，采取公交导向的发展模式并在步行距离范围内建设了绿地、广场和花园等公共空间，不仅降低了区域交通压力，还增强了社区内部及与周边社区的步行连通性，进一步促进了社区成员之间的交流与合作，提供了良好的交通和社交基础。

Brainport Smart District（Brainport 智慧社区）是基于多领域的最新见解和技术，包括循环性、居民的参与、社会的凝聚力和安全、健康、数据、新的运输技术和独立能源系统，共同促成独特的可持续生活环境，旨在发展建筑和景观的全新关系，提升质量水平。Brainport（大脑端口装置）是近些年开发的新型智能仪器，工作原理是将传感器安装于舌尖，用以刺激大脑神经，通过这样的方式让残障人士接收到周遭的信息，大大提高他们的生活质量。与大脑端口装置设备的原理类似，UN Studio 创造的新型智慧社区让每个居民都有机会接收、处理并共享与生活息息相关的各类信息与数据，最大限度地让数据与信息发挥作用，给个人生活带来便利。景观的作用是为食品、能源、水、废物处理和生物多样性提供积极的生产环境，通过技术平台的构建分享数据和信息，以推进景观、建筑和公共空间的效率，同时提供无缝的连接。在技术领域作为共享数据和信息的框架引入，显著提高景观、建筑和公共空间的效率。

从协同的角度，一方面，灵活应变的策略以用户需求为导向，强化用户参与，在与居民的协商中决定这个项目的安排与布局，这种协商过程体现民主决策和社区自治精神，促进政府与民众之间的协同合作。不仅确保智慧社区建设更加贴合居民的实际需求，也增强居民对社区发展的归属感和满意度；另一方面，组建政府、联营企业、社会组织等多元主体协同的城市数据平台，应用数据改善社区生活，节省数字设施的个人成本，如移动服务、食品和零售服务等。此外，《超级大脑智慧社区行动计划书》指出，社区建立原则是所有采集的数据将在居民之间共享，居民数据被储存在虚拟"数据宇宙"中，政府与技术人员帮助居民撰写"数据宣言"保护居民的隐私。智慧社区不仅仅是高科技集成应用，更涉及多元利益相关者的协同合作，包括政府机构、学术界、企业界以及城市居民，这种跨领域的合作是荷兰智慧社区成功的关键因素。

四、日本：政社合作与人文关怀的智慧社区治理

（一）发展概况

日本作为资源有限的岛国，高度依赖进口资源支持其发展，有效解决资源短缺问题成为其政府面临的主要挑战之一。日本智慧社区的发展策略聚焦于推动可再生能源使用和减少能源消耗，通过互联网连接住宅、商业建筑、购物中心和交通系统，优化居民生活的各个方面。日本政府和企业对智慧社区的建设坚持高标准，追求技术先进性与自然环境的和谐共生，推动社区的可持续发展，为构建未来智慧城市奠定基础。

日本的经济高度发展与其地理环境限制之间存在显著矛盾，尤其是其狭小的国土面积与有限的自然资源的桎梏，能源短缺长期以来制约了其持续发展的潜力。一方面，日本的土地总面积仅为 37.8 万平方公里，大部分地区为山地，适宜农业发展的平原地带非常有限。这种地形条件使得日本不得不依赖于高度集约化的农业技术来维持其食品自给自足率，同时也推动了其工业向高技术和高附加值方向发展。另一方面，对外部资源的依赖性不仅增加了经济运行的成本，也提高了经济对外部冲击的敏感性，亟须提高能源使用效率，推广新能源和可再生能源的使用，虽然在一定程度上缓解了能源短缺的问题，但也带来了新的社会和环境挑战。面对这些挑战，日本政府早在 2002 年便开始探索通过智慧能源管理寻找突破口，致力于缓解能源依赖所带来的困境。随着"智慧日本战略 2015"的推出及 2011 年地震暴露出的城市脆弱性，智慧城市与智慧社区的概念得以扩展，包括信息与通信技术（ICT）的有效应用、跨环境、

能源、交通、通讯、医疗、教育和健康等领域的综合性城市建设。此后，日本政府不仅着手实施跨领域的智慧城市建设项目，还提出了旨在引导智慧城市长期发展的"超智能社会计划"，通过高度集成的信息技术和数据管理，优化城市基础设施，提高能源效率，从而有效缓解城市建设与经济可持续发展之间的矛盾。这一系列措施反映了日本政府在面对资源限制与环境挑战时采取前瞻性思维和创新行动，旨在构建更加可持续、更高效的多方协同的社会结构，为应对未来可能的挑战做好准备。

基于日本自然资源短缺和灾害频发的国情特点，聚焦于实现"3E"（Energy Security，Environment，Efficiency）标准，推动节能和低碳可持续发展，强调基础设施的智能化改造，通过集成现代信息技术提升城市运营的效率和环境友好性。从智慧能源层面，日本智慧社区建设以智能电网为核心，优化能源供应和消费实现能源的高效利用，包括利用诸如太阳能、风能、生物质能及垃圾发电等可再生能源，并通过智能化管理系统减少化石能源依赖，促进能源的清洁使用。从智慧水务层面，日本利用传感器和大数据技术监控和优化水资源的分配和使用，强化水质监测与污水处理，以实现资源的最大化利用和环境保护；从智慧交通层面，针对人口密集和交通频繁的挑战，日本开发了多代智能交通系统，从车载信息通信系统到智能公路系统，不仅提高了道路安全性，也优化了交通流的管理，减少交通事故和拥堵；从智慧健康层面，应对高龄化问题，日本智慧社区的智慧健康系统利用 AI 和机器人技术提供居家护理和健康监测，通过实时数据分析优化医疗资源分配，提高老年人的生活质量和社会活动参与度。此外，面对乡村治理场域内农业劳动力不足的问题，日本推动高科技的应用于农业生产，如无人机、AI 和机器人技术，加速农业现代化和数据化，提高生产效率和可持续性。

（二）运行模式

区别于传统自上而下的政府主导型社区建设方式，日本智慧社区发展哲学遵循自下而上的建设逻辑，赋予社会主体在解决治理问题上的参与权。在社区服务和管理机构中，社会组织不仅是推动社区发展的关键驱动力，也是连接居民与社区发展目标的桥梁，通过提高社区内部自我组织能力、创造共享公共空间等方式，激发居民就广泛关注的公共议题进行深入交流和讨论，培养居民的公共参与意识和能力。日本智慧社区建设主要通过构建区域信息管理系统，整合政府与公共团体间关系，包括电子政务信息系统和物流信息管理系统等，在有效解决治理问题的同时，持续培育和加强社区的内在动力，为社区的可持续发展奠定基础。

社区自治团体的政务信息系统以宣传和咨询服务为主，其整合的作用主要体现在通过建立综合性的政务信息平台将不同公共组织的服务和数据整合，为居民提供一站式的信息查询并给予解决方案，有效避免信息孤岛现象。这种运行模式在管理机制上的创新体现在：一方面，其通过集中化的信息平台，实现数据和服务的高效整合，使得居民能够更便捷地接触并利用社区资源。另一方面，自治团体在这个过程中起关键的桥梁作用，兼具整合信息与咨询服务的职能，促进政府与居民之间的信息流通和互动。

社区电子商务信息系统和物流信息管理系统则充分发挥诸如物流、自治团体等各类非政府服务主体的职能作用，为社区居民提供方便快捷的服务。在购买、互助、医疗、住宅等与生活密切相关的领域，日本智慧社区强化广泛协同，其中包括每天必需品等联合采购，医疗保健服务等组合援助业务，促进智慧社区建设向"以市民参与为核心，政府行政为辅助"模式的转变，地域中心与各利益相关方紧密合作形成"地缘空间"①的营造，增进社区资本流通，促进多方主体合作的社区循环经济发展，共同塑造参与式与协商性智慧社区治理模式,旨在提升社区的自我管理能力和可持续发展能力，惠及居民生活。

区域信息管理系统的构建不仅是技术上的整合，更是数字治理协同层面的创新，反映了日本智慧社区建设从单一的政府主体供给向多元服务提供者转变的趋势，通过自治团体和民间组织的参与，强化了民主化和透明化，居民在社区事务中的参与度和影响力得到显著增强，促进社区服务高效运作，便捷居民生活，增强社区凝聚力和居民归属感，为智慧社区的可持续发展奠定坚实基础。

在这样的运行模式下，日本智慧社区呈现如下三种特点：

首先，日本智慧社区建设不仅强调技术的高效应用，更重视居民的生活体验和参与度，真正做到了"以人为本"，促进社区的可持续发展与和谐共生。通过综合运用信息与通信技术（ICT）、可再生能源技术与社区服务创新，不仅提高了社区的能源效率和环境友好性，而且提高了社区居民的生活质量和满意度。一方面，智慧社区鼓励居民参与社区治理和决策过程，如通过移动应用收集居民对社区服务的反馈，实时调整服务提供方式，确保服务更贴近居民的实际需求；另一方面，除基本居住功能外，社区还提供健康监测、养老服务、儿童教育等综合性服务，通过社区中心或在线平台，为不同年龄和需求的居民提供便利。

其次，日本智慧社区建设呈现出多方主体高效参与的政社有机协同的特点，通过企业的创新和资本动力，市场的自然调节，辅之以政府的政策引导和协调作用，形成多元化的治理结构，不仅加快了技术的应用和社区的智能化进程，也确保了社会经济效益和环境

① 刘晓凤，葛岳静，胡伟，等.非国家行为体的地缘政治空间影响及实现路径［J］.地理科学进展，2019，38(11):1735-1746.

效益的双重优化。一方面，私营企业的技术支持往往起到核心的推动作用。大型技术企业负责研发和实施智能数字技术、管理系统等关键技术，通过投资创新技术，不仅可以推动产品商业化推广，还可以通过合作项目获得政府在政策层面的支持。在市场机制的推动下，企业在政府购买中展现优势实现协同与合作，满足政策导向，在市场中占据有利地位；另一方面日本智慧社区建设实现居民、学术机构、社会组织等多方主体参与。通过公共咨询等机制，利益相关者可以提供反馈，参与决策过程，确保项目能够满足广泛的社会需求并获得社区成员的支持。此外，不可忽视的是，政府的角色在于提供政策支持、法规制定和协调不同利益相关者之间的关系，通过提供资金支持、税收优惠或制定有利的政策环境来促进日本智慧社区的建设，确保项目的公共利益，比如通过环境影响评估和公众参与程序评估来监管项目的执行。

再次，日本智慧社区中的协同作用尤其表现在政府内部跨部门的密切合作，通过跨部门的协调和合作，日本政府能够有效地集合和利用不同资源和专长，推动智慧社区建设项目的成功实施，不仅优化了政府资源的使用，也保证了政策的连贯性和执行的效率，真正实现以政府为主导，多方主体协同，增进社区整体福祉和可持续发展的目标。各政府部门针对特定领域承担了明确的职责分工，以高效推进国家级项目。Society 5.0项目致力于实现超智能社会，总务省则专注于智慧城市数据的有效应用，国土交通省负责推动紧凑型和网络型城市的交通发展，农林水产省推进智能农业的实施；厚生劳动省则管理健康大数据的应用。从设定明确的智能化目标，构建技术路线图，开发和普及关键技术，设置专门部门制定具体的技术实施计划，扩展相关企业规模，并且制定人才培养计划，以全面推动技术的应用和服务支持，以系统化的规划方法确保各项目能够协调发展，实现预定政策目标。

（三）典型案例——YSCP

日本智慧社区发展迅速，其发展展示了技术和战略规划的前瞻性，尤其在横滨市 Smart City Project（YSCP）和藤泽可持续智慧小镇的实践中体现了一系列创新特点和成功实践。项目不仅展示了技术的集成和应用，还强调了可持续性和居民参与的重要性，为智慧社区的理论与实践提供了有价值的参考。在协同治理推动智慧社区发展中，技术层面日本智慧社区广泛应用最新的信息与通信技术（ICT）来优化城市管理和服务，如物联网（IoT）、大数据、人工智能（AI）等；在目标层面企业技术支持和推广为环境可持续性目标提供有力保障，通过设立互动平台和移动应用使居民能够直接参与到城市服务的规划和反馈过程中，增强了社区凝聚力和居民责任感。在数据层面，日本智慧社区强调数据驱动的社区治理，通过实时数据收集和分析，提高治理效率和精确性，帮助政府更好地理解和预测城市需求，优化公共资源的配置和城市服务的提供。

日本横滨市位于东京西南部，作为社会治理和基础设施实验的地点，旨在为世界其他地区创造一个可以效仿的智慧城市。YSCP作为为期五年的试点项目，由日产汽车公司、松下公司、东芝公司、东京电力公司、东京燃气公司、埃森哲日本公司和明电社等七家日本公司共同参与，市民、私营企业和市政当局之间密切合作，目标成为环境稳健、抗灾能力强、经济实力强的能源循环城市，并努力扩大其在国内外积累的技术和系统的使用，并将成功的模式输出到日本和世界其他地区。其模式采用了能源管理系统（EMS）的分层捆绑，使单个 EMS 级别的能源管理和整个系统级别的需求侧管理成为可能。从协同的角度，YSCP 的载体与平台是公私合作组织横滨智慧商业协会（YSBA），在多元化参与机制中有效激发各类社区组织的积极性，促进多方力量的整合与协作。此外，为了提高智能社区的人居满意度，政府鼓励市民参与绿色人居提案。为此，在智能社区的建设筹备阶段有效组织"创新网络"的参加者，包括当地企业、Eco School 和社会组织等，鼓励其从实际利用者的角度对新型智慧社区提供意见。

藤泽可持续智慧小镇不仅体现了环保与可持续发展的理念，也通过技术创新和服务模式创新，提升了社区居民的生活质量，为未来社区的建设提供了可借鉴范例。在该项目中，地方政府、松下公司及其合作伙伴共同基于绿色环保与可持续发展的理念，构建了一个具有未来指向性的社区典范。此社区的设计理念在于从最初阶段即融入对自然环境条件（如自然采光和通风）的充分利用，并通过集成光伏发电、燃料电池等先进技术，将住宅转化为既环保又智能的居住空间。社区的管理体系也引入了创新功能，如共享电动车服务和机器人送货服务，以及文化生活设施如茑屋书店，旨在提升居民的生活品质。聚焦能源系统，社区通过太阳能电池板、燃料电池和蓄电池组成的能源闭环系统，确保了能源的自给自足及紧急情况下至少三天的能源供给保障。每栋独立的小别墅均装备了太阳能电池板，以实现日间发电和夜间使用蓄电池存储电力。通过家庭用燃料电池不仅供应热水，也为家庭电力需求提供支持。该能源管理系统能够在外部能源供应中断，如地震等极端情况下，保障居民三天的能源需求，显著增强了社区的自主性和韧性。其中，该小镇最独特的优势在于走智慧养老路线。该路线的实施将通过物联网的深度整合，实现智慧家居、社区和医疗资源的融合。这种策略从感知层、网络层和应用层三个层面构建了综合性智慧养老体系：在感知层通过传感器设备收集老年人的健康数据，如体温、血压，并监测行动轨迹，以评估心理状态，全面构建健康档案。在网络层侧重于智能能源管理、无障碍出行支持和社区安全，利用智慧诊所和便捷通信工具加强社区服务，如安全机器人提供老年人导航和巡视功能，针对易迷路等特定需求。在应用层智能家居和环境系统通过自动调整照明和温度来适应老年人的生物节律，同时，智能安防和照护系统支持居家生活的安全与舒适。面对高病床利用率和医疗资源紧张的问题，社区所采取的创新服务模式优化和整合周边的中小型医疗和养老资源，替代大型医疗机构的设置。通过信息管理技术，形成紧密联系的多元主体协同参与的社区医疗服务网络，建立居家医疗的上门服务系统，不仅避免了资源占用，提高了资源的利用效率，展示了资源优化和社区服务深度整合的典范。

第二节　国内典型案例分析

深圳市南山区通过"一核多元"社区治理模式，充分发挥了政府、社区组织、居民等多元主体的作用，形成了共建共享的社区治理格局。成都成华区则通过打造社区"五朵金花"，实现了政府、企业、社区组织、居民等多方协同，提升了社区治理水平。合肥市包河区通过"产业化运作＋平台支撑"模式，整合了政、产、学、研、用、资等多元主体力量，推进了智慧社区建设。徐州市鼓楼区则通过"多元共融"协同治理模式，实现了政府、企业、社会组织和居民的广泛参与，提高了社区治理的效率和质量。这些国内外案例表明，智慧社区协同治理需要政府主导，多元主体参与，并依赖于信息技术的有效应用。

一、深圳市南山区："一核多元"社区治理

（一）深圳市南山区"一核多元"治理模式概述

2014年6月12日，深圳市南山区发布了《深化"一核多元"

社区治理模式的实施方案》，明确提出了"1+3+N"城市社区治理架构。"一核多元"（简称"1+3+N"）三是指一个核心领导、多元主体共同参与治理的模式，旨在实现多方共治、共建共享的社区治理目标。南山区的"一核多元"治理模式旨在回应快速城市化带来的社区管理挑战，充分发挥各方的积极性和创造性，促进社会资源的有效整合和利用。这一模式不仅强调政府的领导角色，还重视社区内各类组织和居民的参与，推动社区治理现代化。

1."一核多元"治理模式的核心理念

一核：党的领导。"一核多元"治理模式的核心理念之一是以党的领导为核心，即"一核"。在深圳南山区，这一理念得到了充分的贯彻和落实。社区综合党委（总支）作为社区治理的领导核心，起到了关键性的作用。通过赋权，社区综合党委的核心作用得到了进一步强化，具备在重大事项上的建议权和否决权。社区综合党委的核心领导地位不仅体现在组织架构上，还体现在具体的治理措施中。例如，社区党委践行"一线工作法"，通过联席会议、支部轮值、党员包片等方式，深入基层，发现问题在一线；同时，通过居民议事会、联席会议等形式广泛征求居民、驻区单位等意见，开展"三访三谈"调研，听取民意在一线；聚焦新老居民融合等问题，组织文化传承活动，解决问题在一线。此外，社区党委还负责推荐居委会和股份合作公司等组织的领导成员人选，并在社区重大事项决策中起主导作用，如通过"四议两公开"程序进行决策，由社区党委书记负责主持召集相关会议。"南山区通过这样的方式，确保了党在社区治理中的核心领导地位，使得社区治理能够在党的领导下更加有序和高效地进行。

多元：社区、企业、社会组织等多方参与。"一核多元"治理模式的另一核心理念是"多元"，即多方参与。南山区在这一理念的指导下，充分发挥了社区、企业、社会组织等各方的积极性和创造性，实现了多方共治、共建共享的目标。在具体实施中，居委会负责社区自治事务，社区工作站承接政府行政管理事务，社区服务中心提供社区公共服务。此外，农城化股份公司、社区社会组织、业主委员会、物业管理公司及驻辖区企事业单位等各类组织也密切配合，实现多方参与、互动共建，最大限度地增加社区和谐因素，提升社会发展的活力。通过信息化手段，南山区的社区治理实现了更加精细化和个性化服务。例如，居民可以通过社区 App 参与社区公共事务的讨论和问题反馈，这种即时互动极大提高了居民的参与感和问题解决效率。企业与社会组织等非政府主体则通过提供智慧停车、智能家居、远程医疗等服务，丰富了社区服务内容，也减轻了政府负担，实现了治理成本的分担与效率的提升。

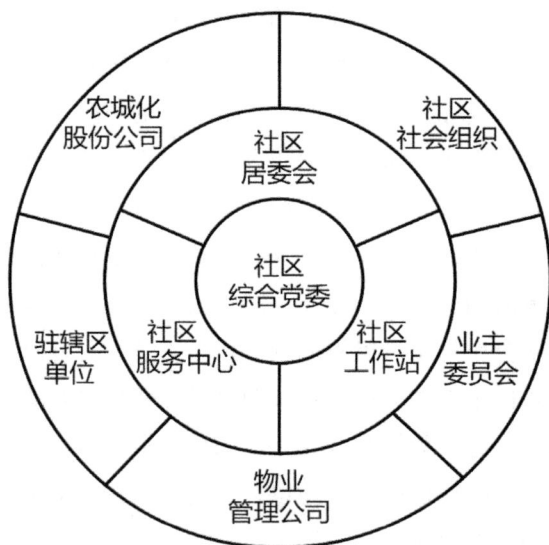

图3-1 深圳市南山区"一核多元"社区治理结构图

总的来说，深圳市南山区的"一核多元"治理模式通过"一核"即党的领导，确保了社区治理的核心领导地位和决策效率，通过"多元"即社区、企业、社会组织等多方参与，最大限度地整合和利用了社会资源，提升了社区治理的整体水平和居民的生活质量。这一模式不仅有效解决了快速城市化带来的社区管理挑战，还为其他地区的社区治理提供了宝贵的经验和借鉴。

2. "一核多元"治理模式的实施路径

为了确保"一核多元"治理模式能够顺利实施并取得显著成效，深圳市南山区采取了一系列具体措施和策略来推动该模式的落地和实践。"一核多元"治理模式的实施路径主要包括以下几个方面：（1）完善组织架构。社区综合党委作为领导核心，通过健全决策程序和设立党建联席会，确保社区治理的民主性和决策效率。通过吸纳"两代表一委员"等特定群体党员担任兼职委员，增强党组织的代表性和凝聚力。（2）多元主体参与。充分发挥居委会、社区工作站、社区服务中心、农城化股份公司、社区社会组织、业主委员会、物业管理公司及驻辖区企事业单位等各类组织的作用，实现多方参与、互动共建。具体措施包括成立社会组织联盟、推行社区行政服务外包等，以整合资源、提升服务效率。（3）信息化、智能化建设。引入智能化手段提升社区治理效率。通过建设综合信息平台，实现社区地理、房屋楼栋、人口信息等数据的全面管理和应用，提升社区治理的精细化和个性化服务水平。例如，社区服务中心通过信息管理技术，形成紧密联系的多元主体协同参与的社区服务网络。（4）持续评估与改进。建立第三方评估和居民满意度调查机制，及时调整治理策略，确保治理成效符合居民期望，形成治理闭环。通过居民监督评议会和物业管理联合会等，促进辖区内多元主体参与社区管理的新格局形成。通过以上路径，深圳市南山区"一核多元"治理模式实现了多方共治、共建共享的目标，有效提升了社区治理水平和居民的生活质量。

（二）政社协同治理模式的具体措施

1. 协同治理的核心

在南山区，社区治理模式的实施已经成为促进社区和谐稳定发展的重要举措。社区综合党委（支部）作为领导核心，发挥了关键性作用。在社区党委的带领下，有条件的业主委员会和社区社会团体都成立了党支部，加强了对党的领导。社区综合党委在街道党工委的领导下，作为基层性的委员会，负责社区的重大事务和组织领导工作。通过赋权，社区综合党委的核心作用得到了进一步强化，具备在重大事项（如干部人事、推优评先）上的建议权和否决权。各个综合党委都配备有专职副书记和党建专员，以确保党建工作有序开展。党建联席会将业主委员会、物业管理公司、社区社会组织等各类组织的党员吸纳为兼职委员，进一步拓宽了党组织的覆盖面。一些社区综合党委还尝试吸收"两代表一委员"等其他特定群体的党员担任兼职委员，以进一步增强党组织的代表性和凝聚力。

为了加强社区治理的民主性和决策效率，南山区采取了一系列措施。一是健全了综合性社区党委（支部）的决策程序。在社区综合党委（总支）班子成员、兼职委员、各类代表以及社区组织负责人的基础上，召开社区党建联席会议、社区共建联席会议，以协商一致的民主方式，对社区党建和建设的重要事项进行讨论和决策，确保各方面的利益得到充分考虑，从而提高决策的科学性、公正性。与此同时，通过社区党建联席会议、社区共建联席会议等形式，使各方在民主协商的基础上，对社区治理与建设中的重大问题进行讨论，并提出相关的政策对策，增强决策的专业性、针对性。通过确保社区事务的公开、公正和民主，增强了社区成员的参与意识和归属感，为社区居民提供了更多参与治理的机会，增强了社区自治的活力和可持续性。

2. 协同治理的主体

居民委员会是对居民进行自我管理、自我教育、自我服务的基层群众自治组织。主要功能包括组织居民进行便民活动、自助互助和志愿服务、群防群治、调解纠纷、制定居民公约、收集意见和建议等。一是推进社区居委会的直选进程，广泛吸收各方代表为居民委员会成员，包括社区社会组织、业主委员会、物业管理公司和楼栋长等，有效提升居委会的选举效率。同时，将来深建设者纳入参选人行列，赋予他们参与选举和被选举的权利，使其更好地融入社区活动。二是建立楼栋长队伍、邻里互助小组、居民兴趣小组、社区专业人才队伍、志愿者队伍等。针对中青年居民和来深建设者，设立广场舞协会、摄影协会、车友自驾游俱乐部、驴友俱乐部、慈善会等各类兴趣小组和志愿组织，营造和谐活跃的社区文化氛围，增进社区凝聚力，满足居民的精神文化需求，促进社区文化的繁荣发展，让中青年居民和外地来深者都能在社区中找到归属感和共同体认同感，也为社区文化建设注入新的活力和动力。

社区工作站作为南山区政府在社区的重要工作平台，协助区政府、各职能部门、街道办事处完成各种工作，包括公共卫生、社区教育、社区综合管理、社区安全、人口计划生育、社会保障、法律事务和环保等，设置了"站长助理""社区主任助理""第一级社区辅导员"和"第二级社区辅导员"四级。为提高社区的服务水平，一是在社区范围内实施"一窗通办"，把每年的民生实事都做好，推动社区卫生医疗服务中心、社区学校和社区养老助残服务设施建设。二是构建规范化、法治化、规范化的"社区工作人员"队伍体系，并在此基础上，针对"社区工作者"的身份定位、管理体制、薪酬待遇、招聘培训、考评退出、社会保险购买、合同签订、职业交流回避等方面，构建起一套完整的制度体系。同时，针对新进社区工作者，实行统一公开招考，将档案纳入区人才服务中心进行管理，并对工作者进行年度考核，严格控制人员进出，确保社区工作者队伍的素质和能力得到提升，更好地为社区居民提供优质服务。

社区服务中心是一个由社会团体主办，负责社区助老、助残、优抚、特定群体、妇女儿童及家庭、社区青少年等基本公共服务，同时还负责居民社区融合、社区慈善、社区志愿等自助互助服务以及便民利民的社区商业服务。社区服务中心和各工作站共同组成了一个完善的社区服务网络。在南山区，各社区服务中心均引进了社会工作人员，为社区居民提供社会保障。该中心汇集了各种专业人士，例如心理咨询师、社工、护理人员等，以保证专业及优质的服务。另外，南山区对社区服务中心的运作也采取了整体招标、专项采购和单项外包三种模式。在此基础上，鼓励社区居民委员会、物业管理公司、社会组织承接一些工程，开办"来深建设者服务中心""外籍人士社区服务中心""和谐企业工作室""社区日间照料中心"等多种服务职能，为社区居民提供更加广泛、方便、专业的服务，推动社区一体化和发展。

3. 协同治理的成员

社区社会组织在开展志愿服务、公共福利服务、文体服务以及社区自治等方面具有重要作用。一是依托区社会组织协会、区社区组织孵化园、街道社会组织服务中心、社区社会组织联合会等不同层次的孵化网络，培育行业协会、公益慈善组织、各种行业协会、社区服务组织等专业社区服务组织。目前，南山区登记的社团有796个，已登记727个，各种社团2000多个，其他社团也有2000多个。二是鼓励辖区内企事业单位、热心公益人士和社区社会组织合作设立社区基金会，利用个人、法人和其他组织捐赠的资产，或借助公募基金会、非公募基金会等更多社会资源，为社区公益慈善事业提供资金支持或从事社区慈善公益服务，推动居民自治。将适合由社会组织提供的公共服务和问题解决任务委托给社会组织承担，促进社区的发展和自治，加强社会组织在社区建设中的作用，社区社会组织得以蓬勃发展，为社区居民提供更广泛、更深入的服务和支持。

业主委员会是负责保障全体业主在物业事务上合法权益的机构，也是业主有序参与自我管理服务的重要平台。南山区致力于建立社区党组织、居民委员会、业主委员会和物业管理公司之间的协调机制，及时协调处理业主之间以及涉及物业服务的各类纠纷，例如召开业主大会等活动，倾听民意建议，确保各方合法权益得到及时维护。

物业管理公司主要承担提供专业化物业服务，以满足社区居民的生活服务需求。南山区鼓励物业公司参与隐患排查、人口计生、社区养老、社区卫生、城管外包等有偿社区服务项目，支持物业管理公司自主或联合开展智能小区、国际化社区建设。对物业管理公司保洁、保安、绿化、维修等岗位的优秀员工进行奖励，并在其子女教育等方面提供支持，有效整合社区基金会等社会资源，提升物业服务质量。

农城化股份公司主要负责管理自有物业并为居民提供优质服务。通过支持社区创建"来深建设者服务中心""和谐企业工作室""宜居出租屋"等平台，鼓励农城化股份公司在股权变革、规范监管、转型发展等方面探索现代企业制度设立。在转型发展、规范监管、股权改革等方面积极探索建立现代企业制度。

驻辖区企事业单位主要利用其资源优势，如场地资源、智力资源、教育资源和服务资源，参与社区服务管理。充分发挥驻区企事业单位联合党委的功能，建立联席会议制度，定期进行走访活动，共同举办公益活动和群众文体娱乐活动等有益于社区居民的活动。同时，推进驻区企事业单位在文化、医疗、科技等领域设施建设，逐步向社区开放慈善和服务类事业，推动社区各界力量的融合和参与，共同营造一个安全、稳定、文明的社区环境。

（三）创新点："1+3+N"治理结构优化

目前，南山区重点完成了"1+3+N"治理结构的优化，推进社区工作人员管理体系改革、探索"格长"制、推进"一平台两中心"建设，"一核多元"社区治理改革任务基本完成。这一治理模式也被形象地称为"车夫驱动、三马拉动、伙伴推动"的"三驾马车"式结构。

1. 社区工作人员管理体制改革

南山区还致力于更深层次的社区工作人员管理体系改革工作，统筹考虑对社区工作站专职人员、综合协管员和其他临聘人员等群体2700多人实行"分类管理改革"，将社区工作站专职成员定位为"社区工作者"，在机关事业和企业之外，大胆探索，走出了"第三条路"，与街道办签订用工合同，由区编办核定员额，民政局制定管理办法，建立科学的管理体系。分领域提高社会工作项目购买标准，激发社会工作人才队伍"新动能"。一是将819个社工岗位纳入全区编外人员管理，全面提高社工薪酬标准。将社工纳入区级人才安居保障范围，为300余名社工提供人才住房配租补贴316套（折合632万元），提升社工归属感和工作积极性。二是多方式开展人才培训，提升社会工作人才队伍"新活力"。搭建线上线下培训平台，开展民生政策、社工实务、考前辅导等系列专题培训。培养高级社工3人、中级社工259人、初级社工621人，实现社工持证率大幅提升。三是高标准组建评审专家库，打造社会工作人才队伍"新智库"。遴选46名行业资深专家、高校学者等组建社工人才库，为南山社会工作高质量发展提供智力支持和人才支撑，为社工人才队伍建设与发展提供有力保障。

　　南山区在深圳市率先提出了一套面向社区工作人员的管理制度改革方案，在人才定位、管理制度、薪酬制度、招聘培训等八个方面做了一次大胆的改革。南山社区工作站全体职工均为"社区工作者"，由街道办聘用，实行劳动合同制，并将其档案交区人事局进行管理。这样，就保证了社工的待遇，有了财力的保证，就有足够的经费来支付社会保险的费用。另外，社区工作人员也有升迁的空间，可以提拔到副主任、主任级别。与此同时，此次改革对社区工作人员的教育水平提出了明确的要求，即："社区工作人员"要求为全日制大学专科毕业，"副主任"和"站长"则要经过社会招聘考试。这一制度是对"新常态"下我国城镇社会治理的一次有益探索，对完善我国基层公务员的岗位晋升、薪酬福利、升迁等制度具有重要意义，对推进我国城市社会管理水平的提高、社区建设与居民生活品质的不断提高也具有重要意义。

　　2."一格一长"建立"格长制"

　　根据"一核多元"的社区治理模式，南山区在"一格三员"的网格管理模式基础上，对现有网格进行优化和细分，探索建立"格长"制度，将大多数社区工作人员下沉到各个网格中充当"格长"，实现"一格一长"的治理模式，将治理触角伸向社区的最边缘。社区将管辖区域划分成多个网格，由辖区物业管理处主任、行业协会会长等担任"格长"，同时社区工作站站长率先下沉到网格中担任"格"书记或联络员，并建立起社区网格管理的二级联席会议制度，加强社区基层治理的有效性，让更多的社区工作者深入到社区网格中，更好地服务居民，推动社区治理工作向更高水平迈进。南山区通过定期召开联席会议，邀请社区各方力量参会，实现了各治理主体共同参与社区的管理。同时，建立了网格管理制度和"格长"管理办法，"格长"主要负责协助社区信息采集，并全天候监管所负责网格内的各种信息，解决了管理处之间的盲区和沟通问题。社区工作人员则协助解决各网格难题并与街道沟通，建立了问题解决台账，促进了社区治理的科学化和高效性。

2023 年，南山区网格管理中心进一步深化"块数据＋网格化"改革，依托"平安南山"优化"网格化＋"平台，依托民生诉求做实网格化服务，依托"五长六岗"赋能网格员和楼栋长，蛇口街道建成全市首个"网格员＋楼栋长"工作室。网格员队伍综合素质实现双提升，35 岁以下占比 66.5%，本科以上学历占比 68.6%，队伍年轻化、素质高。为进一步提升队伍综合素质和应急处突能力，南山区网格管理中心开展了首个网格人才队伍"尖锋训练营"培养项目，推出首个由网格员编写的网格培训教材；组建了南山区网格员综合应急分队，开展准军事化训练，分队成员将接受专业化的培训，包括但不限于灾害救援、紧急事态处理等方面的技能训练，以确保在面对各类突发事件时能够迅速有效地处置和应对，为居民提供更加安全、稳定的生活环境。

3. 推进"一平台两中心"建设

在构建新型社区治理模式中，南山区在一些基础条件较好、物业管理完善的新型现代化社区，采取"一平台两中心"模式，不设社区工作站，以项目购买的方式，由专业社工机构、社会组织承接社区运营，引导社会组织及居民参与自治。

"一平台"指的是综合信息平台，"两中心"指的是一体化的行政服务中心和社区服务中心。其中，行政服务中心承接了 152 项不涉及行政主体资格的行政服务项目，把涉及行政主体资格的四项工作（计划生育、安全生产监督管理、城管执法、综治信访）收归街道办事处职能科室。中心全面实行"一站式"的窗口服务，居民可以和社工一对一、面对面交流，迅速办理居住证等各类证件。社区服务中心则为居民提供了青少年成长服务、长者服务等八大类服务。在信息平台建设方面，深圳湾综合服务中心已将社区地理、房屋楼栋、人口信息等全部信息采集录入电子政务信息平台，方便办事人员快速了解辖区情况。

（四）典型案例：蛇口街道社区治理新模式

1. 社区行政服务外包

"一平台两中心"中的"社区行政服务外包"将不涉及行政主体资格要求的 152 项社区行政服务项目交由社工机构、社会组织实施，承接方高效完成政府交予的各项工作，从而实现"双赢"。

为了更好地服务社区居民，南山区特别成立了社会组织联盟。经过近五年的培育和发展，联盟现已拥有 20 个社会组织成员，成为社区各项建设中不可或缺的重要力量，为推动社区自治、强化社区管理以及提供公益服务发挥着关键作用。例如，南山区深圳湾社区居民评议团在 2014 年至 2021 年间先后召开了十次居民监督评议会，对社工机构进行现场考核评分，有效提升了社区的管理服务工作水平，探索出了民主协商的新模式。此外，南山区深圳湾社区物业管理联合会成功整合了共建单位、各小区物业和商家单位等各方力量，定期举办共建单位座谈会、重点问题讨论会、法律法规知识讲座以及团队拓展建设等活动，促进了辖区内多元主体参与社区管理的新格局形成。社区治安促进会则有效整合了各小区物业管理单位的安保力量，实施了群防群治的"一呼百应"社区共治机制，深圳湾社区犯罪率连续五年保持全区最低水平，获得了区委、区政府的嘉奖。这些社会组织的积极探索和实践为南山区社区治理提供了宝贵经验，也为其他地区提供了可借鉴的范例，共同推动了社区建设和居民生活质量的不断提升。

2. 社区信息化、智能化建设

为了提升辖区安全，蛇口街道深圳湾社区定期开展社区巡查和安全工作例会，建立完善的工作制度，明确责任、采取有效措施，将安全工作贯穿到每个小区。18 个小区物业服务实现了 100% 全覆盖，在门禁管理、停车管理、公共活动区域监测等方面引入智能化手段。社区还推出了"幸福深圳湾信息发布群"微信服务平台，目前已有 4088 户居民代表加入该平台，以便及时了解社区资讯。为了更好地为社区居民提供便利，同时成立了 24 小时在线服务的微信号"深圳湾咨询号"，及时发布社区最新信息，并接受居民各项业务办理咨询服务。

社区内设有宣传栏和文化墙等设施，定期发布创建信息并进行动态更新。社区针对生产、消防、治安、防疫、三防、垃圾分类等各类工作开展积极的宣传工作，通过张贴宣传栏、举办知识讲座等多种方式增强居民的安全意识和绿色环保意识，引导居民参与社区举办的各类活动。为了加强文化建设，社区积极组织具有特色和丰富多彩的文化活动。打造中心河"生态＋文化"特色品牌，社区在日常巡查维护的基础上，进一步优化河道两岸的绿化和整体环境，充分调动辖区群众的参与热情，加强社区居民之间的交流，促进社区文化的融合。这些举措不仅提升了社区居民的生活质量，也营造了和谐、友好的社区氛围，为社区的可持续发展奠定了良好的基础。

3. 招商蛇口智慧社区建设

作为首个实施全场景升级改造的"智慧社区"，招商蛇口将智慧通行、智慧服务、智慧安全、智慧设施四大场景全部引入兰溪谷。通过天使之眼、老人关怀、儿童关怀和阳光服务等特色智慧体验，不仅确保客户居住安心，同时为业主和访客提供丰富的便民服务，包括物业缴费、停车缴费、报事报修、访客预约管理、社区 O2O、信息发布等。这些功能集成于面向业主的到家汇 App 中，与原有的物业服务深度融合，让业主体验更智能、更便捷的生活，实现全域安全感知和极致便捷的智慧化体验。这一全方位升级改造为兰溪谷打造了一个以人为本、智能高效的社区生活环境，提升了居民的生活品质和幸福感。

招商蛇口智慧社区从一开始就采用一体化高起点的建设理念，秉承着"科技让关爱无处不在"的理念。通过应用"AI+IoT"数字化技术，升级智慧社区建设模式，打造了"一个大脑（智慧社区平台）+五大场景（智慧通行、智慧服务、智慧安全、智慧设施、智慧家居）+五个产品端（两个管理后台、业主端、员工端、智慧屏）"的产品体系。这种整合的方式将地产开发与物业运营进行有效连接，旨在提升客户的感知度并赋能物业服务，进而将高科技应用融入美好生活的实践中。这一全方位的智慧社区建设模式致力于为居民创造更智能、更便捷的生活方式，提升社区居住体验和生活品质，同时推动智慧科技在社区发展中的应用与创新。招商蛇口奉行"科技让关爱无处不在"理念，不仅贯彻于生活体验，也体现在对社区居民的尊重上。以智慧通行为例，招商蛇口智慧社区支持多种开门方式，包括人脸识别、二维码、蓝牙、远程开门和 IC 卡等五种方式，用户可根据自身需求自主选择。相较传统方案，这一多元化选择不仅提供了更灵活的使用方式，同时有效保护了住户的隐私，充分尊重了他们的知情权和选择权，更贴近社区居民的实际需求。

二、成都市成华区：打造社区"五朵金花"

（一）成都市成华区智慧社区建设概况

1. 社区"五朵金花"理念阐述

成都市成华区在智慧社区建设中提出了"五朵金花"理念，旨在通过多元化的智慧治理系统和服务平台，提升社区治理效能，优化居民生活质量。这个理念的核心是通过智慧技术的融合应用，推动社区治理的现代化、智能化和精细化。成华区根据国家部委及天府智慧小区建设指南、成华智慧社区建设指引 1.0 等要求，构建了区（市）县的社区治理系统云平台。这个平台集成了智慧停车、智慧教育、智慧消防、智慧人社和智慧群团等系统，打造了双桥子、青龙、二仙桥、府青路、万年场、双水碾等智慧治理领域的"五朵金花"。这些"金花"代表了社区治理的五大重点领域，通过各自的智能化应用，解决居民的实际需求，提升社区生活质量。成华区通过"新街坊·守望家空间"智慧治理应用系统，促进智慧社区与民生的深度融合，构建"家门口人社"公共服务体系。这一体系不仅包括了基本的社会保障和就业服务，还涵盖了智慧教育、智慧医疗、智慧养老等多方面的内容，实现了居民在家门口就能享受到高质量的公共服务。同时，成华区在智慧社区建设中探索"物本"向"人本"跨越的第三代融合智慧社区治理模式。这个模式强调以人为本，通过智慧技术和大数据分析，精准对接居民需求，提供个性化、定制化的社区服务，系统探索市域治理现代化新路径。

2. 政企协同治理的基本框架

成华区在智慧社区建设中，坚持政企协同治理的基本框架，通过政府引导、市场运作、社会参与的方式，实现智慧社区的可持续发展。这个框架包括以下几个方面：（1）政府引导与顶层设计。成华区政府制定了详细的智慧社区建设指南和政策，引导各街道和社区按照统一标准和规范进行建设。同时，通过政府购买服务的方式，引导社会资源参与智慧社区建设，形成了"EPC+O"[①]闭环机制。这个机制包括了规划设计、实施建设、运营管理的全流程，确保智慧社区建设的科学性和系统性。（2）市场化运作与资源配置。在智慧社区建设中，成华区积极引入市场力量，通过 PPP 模式和政府购买服务的方式，引导企业参与智慧社区建设和运营。例如，

---

① "EPC+O"模式是一种工程项目管理和运营模式，涵盖设计（Engineering）、采购（Procurement）、施工（Construction）及运营（Operation）四个阶段，旨在通过单一承包商或联合体负责整个项目的生命周期，确保项目质量和长期可持续性。

青龙街道采用"EPC+O"模式，引入专业公司进行智慧社区系统的建设和运营，打造了"豫府新街坊""青龙街坊·家空间"等典型案例。通过市场化运作，提升了社区服务的质量和效率，满足了居民的多样化需求。（3）多元参与与社会协同。成华区强调多元主体的参与，通过构建"政产学研用"融合研发机制，争取高校、科研院所和企业的支持，形成了智慧社区建设的强大合力。例如，双桥子街道与中国电信成都分公司、四川创新社会发展与管理研究院等单位合作，创新政产学研用机制，研发了"守望新鸿"社区综合信息系统平台，实现了社区治理和服务的智能化、精细化。（4）智慧平台与系统集成。成华区在智慧社区建设中，注重智慧平台和系统的集成与应用。例如，成华区建立了大联动·家空间城市信息模型（CIM）分布式微存储系统，整合了智慧停车、智慧消防、智慧禁毒等多种智慧应用，实现了数据的互联互通和高效利用。通过智慧平台，成华区实现了社区治理"一屏畅达"、社会诉求"一键回应"、生活服务"一码通城"、风险防控"一体联动"等目标，提升了社区治理的效率和质量。（5）文化与经济发展融合。成华区智慧社区建设不仅关注治理和服务，还注重文化和经济的融合发展。通过打造特色商区和文化活动，推动新经济的发展和社区的繁荣。例如，万年场街道以万象城商区为重点，打造了"全域治理、万象更新"新经济发展服务示范街区，提升了社区的经济活力和居民的生活质量。（6）社区共治与基层治理创新。成华区在智慧社区建设中，强调社区共治和基层治理的创新。通过党建引领、多元共治的模式，增强居民的参与意识和社区的凝聚力。例如，二仙桥街道以下涧槽社区通过"小切口"撬动"大服务"，打造了多个文化体验新空间，吸引居民参与社区活动和服务，形成了"生活共同体"。

（二）政企协同治理模式的实践路径

1. 构建多元化的合作机制

一方面，政府引导与市场参与的结合。成华区智慧社区建设强调政府引导与市场参与的结合。政府通过制定政策、规划和标准，提供顶层设计和资金支持，确保智慧社区建设的方向和质量。例如，成华区政府制定了详细的智慧社区建设指南和政策，引导各街道和社区按照统一标准和规范进行建设。另一方面，需要企业、社会组织和居民的共同参与。在智慧社区建设中，成华区注重多元主体的共同参与，形成了"政府主导、企业运作、社会参与、居民共享"的合作机制。企业在智慧社区建设中发挥了重要作用，通过提供技术支持、资金投入和运营管理服务，推动智慧社区的快速发展。社会组织在智慧社区建设中也发挥了积极作用，通过提供志愿服务、组织社区活动和开展社会工作，增强了社区的凝聚力和居民的参与意识。居民作为智慧社区建设的最终受益者，也积极参与其中，通过参与社区治理和服务，提升了社区的自治能力和生活质量。例如，二仙桥街道下涧槽社区通过"小切口"撬动"大服务"，打造了多个文化体验新空间，吸引居民参与社区活动和服务，形成了"生活共同体"。

2. 智慧社区平台的建设与运营

一方面，平台功能设计与技术支撑。智慧社区平台是智慧社区建设的核心。成华区在智慧社区平台的建设中，注重平台功能设计和技术支撑，通过集成多种智慧应用系统，实现了数据的互联互通和高效利用。智慧社区平台的建设不仅需要先进的技术支撑，还需要科学的功能设计。成华区通过"新街坊·守望家空间"智慧治理应用系统，促进智慧社区与民生服务的深度融合，构建"家门口人社"公共服务体系。这一体系不仅包括了基本的社会保障和就业服务，还涵盖了智慧教育、智慧医疗、智慧养老等多方面的内容，实现了居民在家门口就能享受到高质量的公共服务。

另一方面，政企合作下的运维模式。一是技术支持与运维服务。企业在智慧社区平台的建设中提供了强有力的技术支持和运维服务。例如，双桥子街道与中国电信成都分公司、四川创新社会发展与管理研究院等单位合作，研发了"守望新鸿"社区综合信息系统平台，实现了社区治理和服务的智能化、精细化。通过专业公司的技术支持和运维服务，确保了智慧社区平台的稳定运行和持续升级。二是数据管理与安全保障。智慧社区平台在运行中涉及大量的居民数据和社区信息，数据管理与安全保障是平台运维的重要内容。成华区通过引入专业公司进行数据管理和安全保障，确保居民数据的隐私和安全。例如，成华区建立了大数据中心和信息安全保障体系，通过数据加密、访问控制和安全审计等技术手段，保障居民数据的安全和隐私。三是社会参与与反馈机制。成华区在智慧社区平台的运维中，注重社会参与和反馈机制的建设，通过多种渠道收集居民的意见和建议，不断优化平台功能和服务。例如，成华区通过线上线下相结合的方式，建立了居民意见收集和反馈机制，确保居民的需求和建议能够及时得到响应和解决。四是持续改进与创新应用。智慧社区平台的建设和运营是一个持续改进的过程，需要不断引入新技术和新应用，提升平台的功能和服务水平。成华区在智慧社区平台的运维中，注重持续改进和创新应用，通过引入人工智能、大数据、物联网等先进技术，不断提升平台的智能化水平和服务能力。例如，成华区在智慧社区平台中引入了人工智能技术，通过智能客服、智能监控和智能分析等功能，实现了社区治理和服务的智能化和精细化。

（三）智慧社区"五朵金花"的具体实践

成都市成华区智慧社区建设以"五朵金花"为核心，具体包括智慧停车系统、智慧教育应用、智慧消防建设、智慧人社服务和智慧群团组织。这些智慧应用不仅提升了社区治理水平，也大大改善了居民的生活质量。

1. 智慧停车系统

智慧停车系统是成华区智慧社区建设的重要组成部分，旨在解决城市停车难、停车乱的问题。成华区通过引入智能停车管理系统，实现了停车资源的高效利用和停车秩序的智能化管理。该系统采用物联网技术和大数据分析，实时监控停车场的使用情况，并通过智能化的停车诱导系统，引导车辆快速找到空闲车位。同时，智慧停车系统还提供了便捷的手机应用程序，居民可以通过手机查询停车位情况、进行车位预约和支付停车费用。例如，青龙街道智慧停车系统在试点运行后，大大提高了停车位的使用效率，减少了停车纠纷和交通拥堵现象，得到了居民的广泛好评。

2. 智慧教育应用

智慧教育应用是成华区智慧社区建设中的一大亮点，旨在通过信息技术手段提升教育质量和教育资源的公平性。成华区通过建设智慧教育平台，实现了教育资源的共享和教育管理的智能化。智慧教育平台集成了在线课堂、教育资源库、家校互动等功能，学生可以通过平台访问优质的教育资源，进行在线学习和自主学习。家长也可以通过平台了解孩子的学习情况，与老师进行实时沟通。例如，成华区在部分社区试点建设了"智慧课堂"，配备了智能教学设备和在线教育系统，学生可以在课堂上通过电子白板、互动投影等设备进行互动学习，提高了学习的趣味性和效果。

3. 智慧消防建设

智慧消防建设是成华区智慧社区建设的重要内容之一，旨在提升社区的消防安全水平，保障居民的生命财产安全。成华区通过引入智能消防设备和系统，实现了消防安全的智能化管理。智慧消防系统包括智能烟感报警器、智能灭火器、智能消防栓等设备，通过物联网技术实现火灾隐患的实时监测和预警。同时，智慧消防系统还集成了应急指挥平台，一旦发生火灾，可以通过系统迅速调度消防资源，进行高效的应急处置。例如，成华区在部分社区安装了智能烟感报警器和智能灭火器，一旦检测到烟雾或火灾，系统会自动报警并启动灭火装置，大大减少了火灾的发生率和损失。

4. 智慧人社服务

智慧人社服务是成华区智慧社区建设中的一项重要内容，旨在通过信息技术手段提升人力资源和社会保障服务的效率和便捷性。成华区通过建设智慧人社服务平台，实现了人社服务的在线化和智能化。智慧人社服务平台集成了就业服务、社保查询、技能培训等功能，居民可以通过平台在线办理社保业务、查询社保信息、报名参加技能培训等。平台还提供了智能客服服务，居民有任何问题可以随时咨询，获得及时的解答和帮助。例如，成华区在部分社区试点建设了"智慧人社服务站"，配备了自助服务终端和智能咨询设备，居民可以在服务站自助办理各种人社业务，减少了排队和等待时间。

5. 智慧群团组织

智慧群团组织是成华区智慧社区建设中的一项创新实践，旨在通过信息技术手段提升群团组织的服务能力和工作效率。成华区通过建设智慧群团服务平台，实现了群团服务的在线化和智能化。智慧群团服务平台集成了党群活动、志愿服务、社区文化等功能，居民可以通过平台参与各种党群活动、报名参加志愿服务、了解社区文化活动信息。平台还提供了在线投票、意见征集等功能，居民可以通过平台表达意见和建议，参与社区治理和建设。例如，成华区在部分社区试点建设了"智慧党群服务站"，配备了智能展示屏和互动终端，居民可以在服务站了解社区党群工作动态，参与社区活动和服务。

综上所述，成都市成华区通过智慧停车系统、智慧教育应用、智慧消防建设、智慧人社服务和智慧群团组织的建设，形成了智慧社区"五朵金花"的具体实践。这些智慧应用不仅提升了社区治理水平，也大大改善了居民的生活质量，推动了智慧社区建设的深入发展。

（四）治理模式的成效与启示

成都市成华区智慧社区建设以其创新的"五朵金花"理念和政企协同治理模式，在提升社区治理效能、改善居民生活品质方面取得了显著成效。

1. 社区治理效能的提升

成华区通过智慧社区建设，大幅提升了社区治理的效能。首先，智慧停车系统的引入有效解决了停车难、停车乱的问题，提高了停车资源的利用效率，减少了交通拥堵和停车纠纷。智慧教育应用则实现了教育资源的共享和教育管理的智能化，使得教育资源更加公平，学生的学习质量得到提升。智慧消防建设通过智能设备和系统的应用，实现了消防安全的实时监测和预警，提升了火灾防控能力和应急响应速度。智慧人社服务平台的建设，使得居民可以在线办理各种人社业务，节省了时间和精力，提升了人社服务的效率和便捷性。智慧群团组织则通过信息技术手段，提升了群团组织的服务能力和工作效率，增强了社区居民的参与感和归属感。通过这些智慧应用，成华区的社区治理变得更加高效、智能，社区管理水平得到了显著提升，社区的整体环境和服务质量也得到了改善。

2. 居民生活品质的改善

智慧社区建设不仅提升了社区治理效能，也显著改善了居民的生活品质。智慧停车系统使得居民能够更方便地找到停车位，减少了找车位的时间和焦虑，提升了出行体验。智慧教育应用使得学生能够享受到更优质的教育资源，提升了学习效果，也减轻了家长的负担。智慧消防建设通过智能设备的应用，提升了居民的安全感和应急能力，减少了火灾事故的发生率和损失。智慧人社服务平台使得居民能够更便捷地办理社保业务，享受到更优质的服务，提升了居民生活的便捷性和满意度。智慧群团组织通过丰富多彩的活动和服务，增强了居民的社区归属感和幸福感，提升了社区的凝聚力和和谐度。通过这些智慧应用，成华区的居民生活变得更加便捷、安全和幸福，生活品质得到了显著提升。

3. 政企协同治理模式的推广价值

成华区智慧社区建设的成功离不开政企协同治理模式的有效实施。成华区政府与企业、社会组织和居民共同合作，通过政企协同治理模式，实现了资源的优化配置和利益的最大化。这一模式具有重要的推广价值和借鉴意义。首先，政企协同治理模式能够充分发挥政府的引导作用和企业的市场优势，实现资源的有效配置和利用。政府通过政策引导和资源支持，推动智慧社区建设；企业通过技术创新和市场运作，提供高质量的智慧应用和服务。社会组织和居民通过参与社区治理，表达需求和意见，推动社区建设的完善和发展。其次，政企协同治理模式能够提升社区治理的科学性和精准性。通过数据的收集和分析，政府和企业能够准确掌握社区的实际情况和居民的需求，制定科学的治理方案和措施，提升社区治理的效果和效率。最后，政企协同治理模式能够增强社区的凝聚力和参与感。通过合作共赢的模式，政府、企业、社会组织和居民能够形成共识和合力，共同推动社区的发展和进步。这不仅提升了社区的治理水平，也增强了社区的凝聚力和居民的归属感。

综上所述，成都市成华区智慧社区建设取得了显著的成效，提升了社区治理效能，改善了居民生活品质，并通过政企协同治理模式，形成了具有推广价值的经验和模式。这一成功经验不仅为成华区的进一步发展提供了坚实的基础，也为其他地区的智慧社区建设提供了宝贵的借鉴和启示。成华区的智慧社区建设之路，必将在未来的发展中继续拓展和深化，为更多的社区和居民带来智慧和幸福。

三、合肥市包河区："产业化运作＋平台支撑"

为落实全面深化信息化的目标，提高智慧社区建设的节能环保水平，提高社区服务的精准性、增强智慧社区的应急管理能力，合肥市包河区方兴社区采用"产业运作＋平台支撑"的模式，推进智慧社区建设模式创新。方兴社区在建设阶段通过项目合同的方式，搭建"政、产、学、研、用、资"全链条平台，以供应链的形式实现了上、下游的合作治理、共同治理，全方位打通了阻碍智慧社区建设中的壁垒。创建了一个社区治理一体化平台，该平台集合了521个天网工程探头、538个居民区探头、130部移动手持视频、3台车载视频、4类视频系统等，辖区内各类设施资源以及与居民生活息息相关的场所均收录至网络地图中，可实时显示管理人员的位置、居民诉求融合、智慧服务和应急管理等信息，一张图网尽社区事务，实现信息化与网格化有机融合，便于日常工作的指挥调度，推进智慧社区建设新进程。

（一）协同主体：多元主体共同参与

智慧社区是一项要求数据网格化、网格下沉化的技术工程，也是多主体协同运作的系统工程，①因此智慧社区的建设需要多元主体的共同参与。合肥市包河区在推进智慧社区的过程中通过产业搭建政府与研究机构的"链接桥"，通过资本有效地链接大学资源，使得供给侧的政府、研究机构、大学以及需求侧的社区居民、社会组织共同参与到智慧社区的建设。

1. 政府

合肥市包河区方兴社区在推进智慧社区建设的过程中，首先离不开政府的协同作用。政府在智慧社区建设中促进政策支持、提供资金支持、搭建平台和资源整合、推动产业发展以及提供监管和服务保障，从而推动智慧社区建设向着科学、智能、绿色、可持续的方向发展。具体来说，合肥市包河区方兴社区2015年在全省率先出台《合肥市智慧方兴试点社区建设发展规划（2016—2018年）》，启动多项智慧工程建设，为智慧社区建设提供指导和支持，以保障智慧社区建设的顺利进行。为促进智慧社区建设中科技创新和人才培养，政府大力为高校投入科研基金，促进大学的科研成果转化。与此同时，政府为科研机构的项目孵化和产业发展提供一定的产业政策支撑，引导和支持信息技术、物联网、人工智能等高新技术产业的发展，促进产业升级和转型，推动产业化发展。政府通过搭建平台和资源整合，整合各方资源，汇聚政府、企业、科研机构、社区居民等各方力量，促进产业协同发展，共同推动智慧社区建设。

2. 研究机构

在合肥市包河区智慧社区建设模式中，研究机构发挥着重要的联结作用。作为高校与企业这两者之间的过渡性主体，研究机构通过孵化产业，为大学提供就业渠道的同时为产业输送项目和人才。通过与高校和企业的紧密合作，研究机构可以充分发挥自身优势，

---

① 毛佩瑾，李春艳. 新时代智慧社区建设：发展脉络、现实困境与优化路径 [J]. 东南学术，2023(03):138-151.

促进智慧社区建设的科技创新和产业发展。具体来说，研究机构借助其自身丰富的科研资源和技术实力，承担着智慧社区建设中的关键技术研发任务，为智慧社区建设提供技术支持和创新动力。同时，研究机构借助政府提供的政策扶持，将科研成果转化为实际产品和解决方案，推动智慧社区建设中的产业化进程。在智慧社区建设中，研究机构通过与企业、高校协同合作，开展智慧城市相关的技术研发和应用探索以及人才培养和科研项目，为产业提供技术支持和解决方案，为智慧社区建设输送高素质人才，形成产学研合作的模式。

3. 大学

智慧社区的建设离不开高素质人才，而高校作为科学研究的"主战场"，承担着人才培养的重要作用。产业化运作要求政、产、学、研、用、资相结合，其中大学也发挥着重要的协同作用。一方面，在智慧社区供给主体方面，大学通过与政府、产业、研究机构等主体合作，提供人才支持、技术支持和专业指导，促进政、产、学、研的融合发展，从而促进智慧社区建设的科技创新和产业发展。另一方面，在智慧社区的需求方出发，大学为社区居民提供志愿服务，社区社会组织则可为大学填充实践课程。通过发掘大学科教资源，与社区建立长期稳定的合作关系，共同开展志愿服务和社会实践，实现双方资源共享和互利合作，达成协同效应，共同探索智慧社区建设新模式。

4. 用户

在合肥市包河区智慧社区的实践中，创新性地发挥产业化运作的优势。而产业化运作的中心始终是用户，建设智慧社区的最终目标是满足居民需求，创建和美社区。用户包括社区居民、社区党委、社区共治理事会、社区服务中心、社会组织等。在社区党委的统一领导下，明确社区治理的需求，提出服务事项要求，并动员社区居民积极参与。社区政治委员作为自发组织，推动居民自治，吸纳大学生、研究机构等多方力量，满足社区自治需求。社区服务中心通过组织各种社区活动为社区居民提供丰富多彩的服务。上述用户中主要由社区居民和社会组织发挥治理主体的协同作用，通过社区居民和社会组织参与智慧社区治理，提供意见和反馈，促进智慧社区建设。

（二）协同工具：社区治理一体化平台

社区治理一体化平台作为一种协同工具，具有较强的空间生产作用，能以网络联结实现社区多方主体的资源整合，通过内外交互和虚实交融加快实现社区治理空间智慧化转型[①]。合肥市包河区以产业化＋平台支撑的模式，建设社区治理一体化平台，依托该平台整合政府、产业、大学、研究机构、资本等资源，实现政、产、学、研、用、资一体化，切实打通了智慧社区建设中的信息壁垒，提高了办事效率。

1. 社区规划

社区治理一体化平台在智慧社区中的社区规划功能，主要通过遥感影像、实景三维模型、人工设计和建筑信息模型（BIM）软件技术结合地理信息系统（GIS）等先进技术的应用，实现社区建设的 3D 展示和规划设计模拟。社区治理一体化平台实现社区规划的功能，为社区治理提供了更为科学、合理的决策依据，推动了智慧社区的建设和发展。一方面，社区治理一体化平台通过遥感影像和实景三维模型，真实地展示社区内的建筑和设施布局，使治理主体能够直观地了解社区的空间结构和现状。结合人工设计，可以进一步优化社区内的建筑和设施布局，使其更加合理、美观。另一方面，利用建筑信息模型（BIM）软件技术和地理信息系统（GIS），可

---

① 范逢春，王彪，刘亚丽. 城市社区智慧治理有效性的驱动模式及其生成逻辑——基于 21 个智慧社区的模糊集定性比较分析［J］. 电子政务，2024(02):89-99.

以模拟社区内的建筑和设施规划设计，为决策者提供前瞻性的空间布局方案。通过模拟建筑外观的光照效果、通风效果和建筑周围人流量情况，可以更好地满足居民的生活需求，提高社区的生活品质。此外，平台为社区内的通讯设施、Wi-Fi 覆盖的信息基础设施、水电管道设施、绿化基础设施、垃圾箱等设施的布局和优化提供决策支持，通过科学合理的设施布局，可以提高社区的服务水平，促进智慧社区建设。

2. 数据融合

社区治理一体化平台在智慧社区中的数据融合功能，是实现多源居民诉求信息收集和整理的关键环节。通过整合来自网格化平台、热线平台、微博平台、微信平台和移动客户端等不同渠道的居民诉求信息，能够全方位地融合居民的真实诉求，从而提供精准的智慧服务。近年来面对城市社会、数字社会转型的冲击，对基层治理的网格治理进一步创新提出新的要求，而平台作为协同化的治理手段，能够与网格结合优化基层治理。 具体来说，网格化平台作为发挥数据融合功能的基础，通过网格员主动搜集信息，实现了对社区居民的直接管理和服务。同时，专职、专业和兼职网格员的多样化组成，增强了信息收集的灵活性和广泛性，从而保证信息收集的专业性和全面性。 随着热线平台、微博平台、微信平台和移动客户端的广泛使用，成为居民反馈信息的重要媒介，为居民提供了一个直接表达诉求和需求的渠道。通过将这些平台收集的信息与网格化平台的数据进行融合，可以确保居民诉求的全面性和真实性。平台将多源信息进行整合和分析，通过数据处理技术，提炼出有价值的信息，形成精准的服务需求。这不仅避免了信息的遗漏和失真，还能够提高服务的针对性和效率。通过这样的数据融合，社区治理一体化平台能够更好地理解居民的需求，提升居民的参与度，促进社区治理的现代化和智能化。

3. 时空大数据

社区治理一体化平台在智慧社区建设中，借助数字技术融合时间、空间、运动轨迹等属性建立时空大数据。通过运用时空大数据功能，实现了高细粒度的时间、空间、属性等多维度数据的建立和整合，从而为社区治理提供了全面、动态的数据支持。在社区基础设施方面，社区治理一体化平台可以实时展示社区内各类设施的运行状态，如交通信号灯、摄像头、环保设施等，并通过历史数据对比，分析设施的运行规律和潜在问题。在社区人口管理方面，平台可以对社区内人口进行精细化管理，分析人口流动趋势、年龄结构、性别比例等特征。结合天气、季节等因素，预测人口需求，为公共卫生、教育、社会保障等政策制定提供数据支持。在社区法人治理方面，平台可以对社区内企业、社会组织等法人单位进行综合监管，分析其经营状况、信用等级等。加强对法人的监管，有助于规范市场秩序，预防风险，保障社区居民的合法权益。因此，社区治理一体化平台可以通过时空大数据分析居民诉求、行为习惯等，为社区服务提供个性化、精准化支持，同时实现协同主体间数据的共享和协同，使社区治理更加高效、透明。通过数据驱动的精准治理，提高了社区治理效能，为构建美好、和谐的智慧社区提供了有力支持。

4. 数据管理

社区治理一体化平台作为智慧社区建设的协同工具，其数据管理功能显得尤为关键。在智慧社区的建设过程中，通过平台的建设和运用能够实现对社区数据的全面、系统和高效地管理，为社区治理提供数据支持和决策依据。具体来说，在数据的创建和收集阶段，社区治理一体化平台可以充分利用物联网、大数据等技术，实时收集社区内的各种数据，如车辆信息、设施设备状态等，确保数据的实时性和准确性。在数据的整理和分析阶段，平台可以运用数据挖掘、机器学习等方法，对收集到的数据进行整合、清洗、归类和分析，提炼出有价值的信息，为社区治理提供数据支持。然后，在数据的利用阶段，社区治理一体化平台可以将分析得到的数据和信息应用于社区治理的各个方面，如公共服务、社区安全、环境管理、民生保障等，提高社区治理的水平和效率。社区治理一体化平台能够发挥数据管理的优势，不仅可以节省数据存储时间、减少操作难度、避免数据冗余、降低无效数据产生，还可以实现对历史数据的快速检索与追溯、对实时数据的更新与迭代，以及对未来数据的预测与判断，为智慧社区的建设和发展提供有力支持。

5. 智慧服务

社区治理一体化平台在智慧社区建设中具有多样化的智慧服务功能，具体包含了精准扶贫服务、就业保障服务、医疗卫生服务、智慧安防服务、智慧政务服务等等，旨在通过科技手段提升社区服务的质量和效率，满足居民多样化的需求，增强社区的凝聚力和幸福感。（1）精准扶贫服务：社区治理一体化平台通过数据分析和智能识别，能够精准识别社区内的贫困群体，提供定制化的帮扶措施，如经济援助、技能培训、就业机会等，确保帮扶资源精准到位，帮助贫困居民脱贫致富。（2）就业保障服务：平台可以收集和发布就业信息，提供职业咨询和规划服务，通过线上培训和职业推荐，帮助失业或未就业的居民提高就业竞争力，促进社区居民的稳定就业和职业发展。（3）医疗卫生服务：社区治理一体化平台通过建立居民健康档案，提供在线健康咨询、预约挂号等服务，实现医疗资源的合理配置，提高医疗服务效率，保障居民的健康权益。（4）智慧安防服务：平台集成智能门禁、监控系统、紧急报警等安防设备，并利用数据分析，及时预防和响应各类安全事件，提升社区的安全管理水平，保障居民的人身和财产安全。（5）智慧政务服务：通过智能化终端和在线服务平台，简化政务流程，提供便捷的政务服务，如户籍管理、社会保障、法律援助等，提高政务透明度和居民满意度。（6）智慧生活服务：社区治理一体化平台整合居民日常生活服务信息，提供餐饮、家政、维修、出行等便捷服务，方便居民生活，提升生活品质。（7）智慧养老服务：平台结合居家、社区和机构养老模式，提供综合养老服务，包括生活照料、健康管理、康复护理等，满足老年人多元化、个性化的养老需求。（8）智慧文化服务：社区治理一体化平台和组织文化活动，提供在线教育、艺术培训、文化交流等文化服务，丰富居民的精神文化生活，促进社区文化的繁荣发展。

6. 应急管理

社区的应急管理是基层治理的重要议题，提升社区应急管理能力需要搭建广泛协同的治理平台，构建多元协同网络治理体系。社区治理一体化平台在智慧社区建设中的应急管理功能，是确保社区安全、减少灾害损失、提高社区应对突发事件能力的关键。社区治理一体化平台通过一系列的措施和工具，帮助社区建立健全的应急管理体系，提高社区的应急反应能力和自救互救能力。在事件预防阶段，平台通过安装监测设备，对社区内的重点区域进行实时监控，一旦发现异常情况，如烟雾、水位上涨等，系统将立即发出预警，以便及时采取应对措施。更为关键的是，平台通过收集和分析各种信息，如事件的规模、影响范围、可能的人员伤亡等，为政府部门和相关决策者提供决策支持，帮助他们做出快速、准确的决策。在事件发生阶段，平台根据预警信息或实际情况，自动或手动启动应急预案，采取相应的措施，如疏散居民、封闭道路等，以减轻事件的危害。社区治理一体化平台能够便捷快速地发布权威信息，引导舆论，缓解居民恐慌情绪，防止不实信息的传播，维护社区稳定。另外，社区治理一体化平台可以实现各部门之间的信息共享和协同工作，提高各部门的协调配合能力，形成应对突发事件的合力。在事后阶段，平台能够记录和总结每次应急管理的经验和教训，形成知识库，为今后应对类似事件提供参考和借鉴，不断提高社区的应急管理水平。因此，社区治理一体化平台能够提高社区应对突发事件的能力，保障社区的安全和稳定。

（三）运作模式："产业运作 + 平台支撑"

方兴社区致力于提升智慧社区建设水平、增强服务的精准度和强化应急管理的效能。社区在实践中总结提炼出"产业运作 + 平台支撑"的创新模式，以推动智慧社区建设的进程。在方兴社区的实践中，智慧社区产业化运作的趋势日益明显，强调采用合同项目的方式来实现社区建设机制的完善。方兴社区的实践表明，智慧社区的建设不仅需要产业化的运作模式来确保可持续发展，还需要强大的平台支撑来处理和分析大量数据。通过合同项目来完善社区建设机制，可以确保社区建设的有序进行。同时，对居民诉求信息的数据融合和时空大数据的建立，是实现智慧社区服务精准化和应急管理高效化的关键。上述措施共同构成了方兴社区在智慧社区建设中的成功经验，形成"产业运作 + 平台支撑"的智慧社区运作模式。

1. 完善合同项目制度，破除产业化运作壁垒

在推进智慧社区建设的过程中，方兴社区采用了社会组织入驻社区通常采用的公益合作形式，该方式有助于调动社区建设利益相关者的参与积极性，实现社区的共建共治共享。为进一步实现产业化运作，方兴社区在平等、协商、合作的基础上，采用合同项目的方式完善社区建设机制，以此破除产业化运作壁垒和障碍，提高智慧社区建设的效率和质量。

合同项目制度基于公共服务需求和居民诉求，并结合市场化运作方式，确保服务的多样性和高效性。方兴社区将居民的迫切需求转化为项目，并通过公开招标的方式邀请有资质的服务机构参与。

通过项目制的模式不仅拓展了社区服务的外延，也确保了服务的专业性和多样性。具体来说，在项目立项时，根据服务类别和紧急程度进行分类，确保资源的有效分配；招标过程中，通过资格能力认证，确保参与机构的实力和能力，接着由专家组成评审委员会进行评审，最终确定承接方，并对招标结果进行公示，确保过程的透明度和公平性；项目实施中，方兴社区采取严格的监督评估机制，确保项目按照预定计划推进，质量得到保障。

通过上述模式的运作不仅实现了项目的权责分明，也确保了项目的实施效果。此外，方兴社区着重发展一体化的社区治理平台，不仅能够融合多源居民诉求信息，建立时空大数据，为社区事务的动态演化提供支持，同时也为社区预警机制的建立提供了数据基础。在平台支撑下，社区能够更加精准地把握居民需求，提供更加高效和贴心的服务。方兴社区以项目为依托，以平台为支撑，形成了"产业运作＋平台支撑"的智慧社区运作模式，不仅提高了社区建设的效率和质量，也提升了社区服务的精准度和应急管理的效能，为智慧社区的建设提供了新的思路和实践路径。

2. 实现居民诉求信息的融合，提升居民自治程度

在方兴社区"产业运作＋平台支撑"的智慧社区运作模式中，多源数据融合是提升社区治理效能的关键。当前，社区收集居民诉求信息主要依赖于社区网格员主动采集和居民通过热线平台反馈的数据，但这种传统的信息收集方式往往难以覆盖到所有居民，尤其是那些不太愿意或无法通过传统渠道表达诉求的居民。

随着新媒体的迅猛发展，微博、微信、移动客户端等已成为居民意见表达的重要平台。居民通过这些新媒体渠道发表意见、反馈问题已成为常态。因此，方兴社区通过建设社区治理一体化平台，开通多源服务终端，包括但不限于传统的热线电话、面对面的网格员服务，以及新兴的微博、微信、移动客户端等。通过

以上终端，居民可以方便地提交诉求、咨询信息、参与社区治理。同时，平台通过统一的数据融合，将来自不同渠道的数据进行整合和分析，确保每一个居民的诉求都能被及时、准确地捕捉和处理。此外，平台还提供了数据可视化工具，使居民能够直观地了解社区治理的现状和进展，增强他们的参与感和满意度，提升社区的共建共治共享水平。

3. 建立时空大数据，实现社区治理由被动应急到主动预防

时空大数据的建立对于智慧社区的产业运作和平台支撑具有重要的战略意义。方兴社区的智慧社区建设离不开时空大数据的有力支撑，通过将时间、空间以及属性有机结合成为数据库，能够有效整合社区治理的各类数据资源，包括运动轨迹、交通数据、气象数据、遥感数据、人口数据库和法人数据库等，而数据资源的整合有助于更加精确地描述和分析社区生活的动态演变过程。例如，通过分析交通拥堵数据，可以优化交通路线和信号灯控制，减少交通拥堵；通过分析气象数据，可以提前预警自然灾害，采取措施减少灾害造成的危害。

从被动应急到主动预防的转变是社区治理的重要目标。通过时空大数据的分析和应用，可以实现对社区各类风险的提前识别和预警，从而采取措施进行预防和控制。方兴社区"产业运作＋平台支撑"的智慧社区运作模式以时空大数据为基础，通过整合各类数据资源，实现对社区生活的动态分析和管理，为人、事、地、物和情感的精确定位提供支持，为未来的应急管理提供安全预警，从而提高社区治理的效能和居民的生活质量。

（四）建设成效："信息化＋网格化"的智慧社区建设

作为安徽省 16 个省级智慧社区试点单位之一，合肥市包河区把经济社会发展优势转化为社区治理和服务创新"加速器"，实施"产业运作＋平台支撑"的智慧社区运作模式，走出了一条"信息化＋网格化"的智慧社区建设新模式。

1. 整合数据资源，实现线上线下互融互动

合肥市包河区方兴社区在社会治理创新方面不断深化改革，以信息化建设为突破口，通过搭建一体化信息平台、实施网格化治理等举措，全面提升社区治理水平，推进智慧社区建设。通过整合数据资源，优化了部门间的协作，增强了社区与居民、企业之间的互动，为居民和企业提供了更加便捷高效的服务，同时也为社区治理精细化、服务精准化奠定了坚实基础。

在线上，方兴社区通过建设社区治理一体化平台，实现社区治理的信息受理、指挥协调和考核测评。为更加全面而精确地整合数据资源，社区将原本分散的七个平台进行了统一融合，包括城市管理、社区服务、安全生产、环境保护等多个方面，确保了社区各部门之间的信息畅通无阻。与此同时，社区将四类视频资源进行了合并，包括监控视频、安全警示视频、宣传教育视频等，视频资源的整合使得信息平台能够提供更为丰富多样的信息服务。为提升平台功能，社区设立了"综管二维码"，居民可以反馈信息。同时，"社区一张图"以图表的形式，直观展示了社区的资源分布、工作动态等信息，使得信息的获取变得更加直观和便捷。

在线下，方兴社区夯实网格化治理的基础，进一步深化社会治理创新。社区将整个区域细分为多个网格，每个网格都有明确的责任人和管理范围，能够更加精准地把握社区的各种需求和问题。在此基础上，社区根据不同网格的特点和居民需求，设置了4150个具体的二维码，每个二维码对应一个特定的服务或管理单元。社区居民或者企业在遇到问题时，可以迅速扫码上报，极大地方便了问题的发现和处理。方兴社区不断深化信息化建设，探索便民利企的新举措，不仅提升了社区居民的生活质量，也促进社区企业产业化

的深入发展。

2. 主攻数据应用，实现社区治理全覆盖

合肥市包河区方兴社区的智慧社区建设成效显著，通过"产业运作＋平台支撑"的模式，实现了社区治理的现代化、服务的高效化和社会创新的深入化。一方面，方兴社区充分发挥市场机制作用，吸引企业参与智慧社区建设。社区与企业合作，不仅共同开发了智慧门禁系统、智慧充电桩等创新项目，也推动了智慧社区相关产业链的完善和发展。另一方面，方兴社区注重信息化基础设施建设和平台功能的完善，以平台支撑为基础促进了社区治理的高效简约和产业运作的高效协同。

在协同管理层面，方兴社区通过加强建设社区综合指挥调度平台，实现了对社区治理各部门间的协同。社区整合综治信访、安全监管、市场监管、小区管理等十个模块，通过社区一张图，对人、事、地、物、情等实行精准定位、精准管理，促进智慧社区的协同高效运转。通过整合资源，运用信息化手段，社区治理实现了低成本、高效率。与传统街道或社区相比，方兴社区管理部门减少了80%、人员减少70%，每平方千米管理服务人数减少67%。

在共享服务层面，方兴社区以居民需求为导向，打造了"线上不打烊"的社会管理"十服务"平台。该平台集成了公安、民政、人社、计生等各类行政审批及社区服务事项，实现了"一站受理、一点办结"。平台还根据居民的不同年龄段和服务需求，提供了全生命周期的贴心服务。通过数据信息采集和资料比对，平台能够主动对接服务，为符合条件的居民提供"主动上门送证入户"等服务。这种以居民需求为导向的服务模式，使社区服务更加精准、便捷。

在社会创新层面，方兴社区积极搭建"政、产、学、研、用、资"全链条平台，以供应链的形式实现了上、下游的合作治理、共

同治理，鼓励企业进行创新实践。通过整合政府、产业、学术、研究机构、用户和资本等多方力量，形成一个协同创新和合作治理的生态系统。上游主要包括政府、学术机构和研究机构，负责制定政策、提供理论支持和科技研发；下游则包括企业、用户和资本，负责将理论研究和科技成果转化为实际应用，提供服务和资金支持。方兴社区探索出的全链条的合作模式，使得智慧社区建设能够高效推进，实现了政府、企业和居民之间的共赢。

3. 加强多方协同，实现智慧社区产业化运作

在方兴社区推进智慧社区建设中，涉及政、产、学、研、用、资等多个协同主体，形成社区治理协同网络，各主体之间彼此相互协同，构成复杂系统。在全链条式产业化运作中，搭建协同创新平台促进智慧社区建设中各方主体之间的信息共享，提高协作效率，从而推动社区治理的现代化。而政府在这一过程中扮演着关键角色，需要加快建立平台共享机制，以便更好地整合资源，推动协同创新。社区治理一体化平台的建设是以融合居民诉求为核心，将政府、企业、学术界和研究机构等提供智慧服务的部门紧密连接起来，实现协同办公，各自发挥其优势，从而提高智慧社区建设的效率和质量。产业化运作模式能够完善合作管理机制，各方主体通过协同创新，形成一个完整的产业链条，从而实现资源的有效整合和利用，有助于形成政府、企业和居民之间的良性互动，推动社区治理的创新发展。

在方兴社区"产业运作＋平台支撑"的智慧社区建设实践中，突出强调了"政、产、学、研、用、资"六位一体的多方协同。具体来说，一是加强政府引导，制定相关政策和支持措施，构建协同创新平台，并加快建立平台共享机制，为智慧社区建设提供方向和保障。二是强调产业协同，通过技术创新和产品开发，为社区提供智能化解决方案，同时参与社区治理，提升社区服务品质。

三是强化学术支持，鼓励学术界的研究机构和专家学者为智慧社区提供理论支持和科技研发支持，通过开展相关研究，为社区治理提供科学依据和技术指导。四是着重推进研究机构成果转化，将研究成果转化为实际应用。五是重视用户参与，社区居民作为服务的最终受益者，通过使用智慧社区提供的服务，如在线办事、社区服务等，提高生活品质，并参与到社区治理中来，如通过反馈诉求、参与投票等方式，实现居民自治。六是加强资本推动，通过吸引社会资本和政府资金，为社区治理和创新项目提供资金支持，推动社区治理的创新发展。总之，方兴社区的智慧社区建设通过"政、产、学、研、用、资"六方协同，形成了一个完整的产业链条，各主体之间相互协作，共同推动社区治理的产业化运作。该模式不仅有利于信息共享和协同办公，还能够完善合作管理机制，提升社区治理的效率和效果，实现社区治理的智能化和现代化，推进智慧社区建设。

四、徐州市鼓楼区："多元共融"协同治理

2020年11月，徐州市鼓楼区开启智慧社区建设2.0版正式上线，通过"智慧鼓楼"微信公众号上线各类居民服务，实现居民、政府、企业机构等多方面的服务联接，实现线上线下一体化服务与治理。截至目前，全区7个街道的近17万户居民注册为智慧社区平台用户，服务辖区32万居民，总体覆盖率达90%，真正打造了属地化的网上平台和家园。徐州市鼓楼区智慧社区2.0平台的正式上线，进一步推进鼓楼区社会治理现代化水平，完善共建共治共享的社会治理制度，最终实现社区居民生活的数字化、网络化、智能化、精准化和协同化。

（一）多元主体共同参与治理

徐州市鼓楼区的智慧社区强调共建、共治和共享，创建了一个多元化参与的社会治理共同体。按照社会化和市场化的思想，提升社会治理的专业水平，有效地凝聚政府、社会组织（企业）和社区群众的意识。

1. 党建引领

实践表明，社区治理必须坚持党的领导，基层党组织在基层社会治理体系中的领导地位是不可动摇的，其既是责任主体，也是建立和完善社会治理体系的有力保障。在调研过程中，社区相关工作人员表示，在信息技术快速发展的背景下，该社区不断提高信息化建设标准，建立了相对标准和完善的以党组织为领导核心、多元化的智慧社区组织体系，在该体系中，社区的核心治理工作以党建为引领，实现了党建工作在社区治理过程中的全覆盖，党建、单位、社区及行业的互动联系明显加强，可以说，"互联网+党建"引领的模式，推动了联动体系的发展和完善，充分调动了各方面社会资源，而且，在该社区形成了以党组织为领导核心，各方力量各展其能、各负其责、协调运转、协同治理的良好局面，为创新智慧社区协同治理服务开拓了新的思路。具体来讲，该社区以双体系作为工作开展的核心，以网格党支部作为协同治理的基层指挥部，纵向体系为社区大党委—网格党支部—楼栋党小组—党员中心户；横向体系由园区、楼宇、商圈及其他社会组织构成，但无论是纵向体系还是横向体系，都必须切实履行加强党建、社会治理及服务群众等职责。徐州市鼓楼区社会治理党组织架构如图3-2所示。

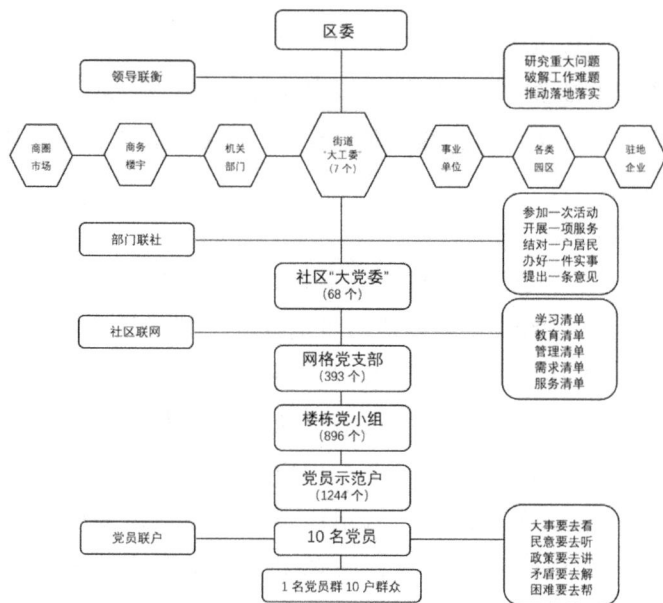

图 3-2 徐州市鼓楼区社会治理党组织架构

2. 政企共建

徐州市鼓楼区智慧社区推进市场化购买服务。该社区大力引导和支持具有社会治理能力和意愿的非公组织开展相关业务，然后，政府通过招投标方式来进行购买，比如网格社会治理业务中的信息采集等方面的服务；另外，该社区还为社会治理与产业发展相结合，为人工智能等新兴产业提供应用场景，成为招商引资的亮点，可以说是一种有益的探索。比如，该区不断加大公共安防产业方面的招商引资力度，具体来讲，区网格化综合信息服务平台与高新企业在人脸识别等领域合作，推动了市场开发，形成了新的商业模式。

3. 政社联动

徐州市鼓楼区智慧社区深化政社互动、三社联动，确保社会既充满活力又和谐有序。为了切实达成目标，该区主要做了以下两个方面的工作，一是积极采取措施，鼓励全员参与社区治理。具体来讲，该区紧密依托智慧社区综合服务平台，开设意见反馈等智能化窗口，任何社区居民都可自由参与，以提高广大居民的参与热情；同时，强化平台的互动功能，形成社区群众、网格员及服务企业共同监督、协同共管的治理格局；而且，该区还搭建了社区居民供需平台、社区资源交流平台，以及开展政府购买服务信息发布中心试点，从市场化角度来激发各方面力量参与社会治理的积极性；二是强化社会监督。具体来讲，该区定期组织网格长和网格员开展信息采集、录入及事件报送反馈等方面的监督，并制定了合理的激励机制。

（二）"智慧鼓楼"信息平台

徐州市鼓楼区按照全区社会治理集成改革的统一要求，切实将智慧社区平台打造成服务辖区居民的服务终端，统一为"智慧鼓楼"居民端。

1. 政务服务

在"智慧鼓楼"信息平台上，提供社区当前热门办理的线上服务内容，对居民办理需求量较大且急需的政务服务可以在该区域进行展示，如生育登记证、尊老金等百姓办理需求旺盛的业务进行展示，点击即可进入在线办理流程，该功能支持自定义，可以通过系统后台配置管理。政务服务板块之下的主题服务包含四大板块，分别为婚育、养老、医疗、教育这四类，主要是针对社区居民提供指导性的业务分类办理，居民只需知道业务办理的类型即可到对应的板块和对应的业务部门进行线上业务办理。此外，还有部门专区，对各个政府业务部门进行分类展示，让居民直观地找到部门及其能够办理的全部业务类型，该功能可以通过系统后台配置，支持自定义展示。政务头条版块定期发布重大政务新闻居民通过平台实时获取信息，该功能还支持自定义后台配置。

2. 公共服务

"智慧鼓楼"信息平台上的公共服务板块，主要包括以下内容。（1）城市管理。通过在线发布相关内容，贯彻国家及本市有关城市管理方面的法律法规及规章，治理和维护城市管理秩序。（2）法律服务。智慧社区法律服务，为居民提供法律新闻公告宣传以及基础法律援助服务。（3）城乡建设。民生保障，促进经济发展，对城市建设进行新闻公告、公示，让百姓切身感受到城市的建设发展变革，提升居民归属感和幸福感。（4）卫生健康。该栏目主要是提供公共卫生的健康管理服务，对发生的公共卫生事件进行新闻发布和公示公告，倡导与促进居民关注健康问题。（5）智教鼓楼。针对科学文化等方面的知识进行宣传教育，通过线上发布，让社区民众参与学习。（6）文体旅游。提供文化旅游新闻传播渠道，对旅游景区和各类旅游类新闻进行后台发布。（7）社会救助。提供网上精准救助平台，对残疾人、家庭经济困难等特殊人群的救助政策，通过线上发布。（8）经济服务。针对居民提供了经济相关的新闻政策支持。（9）就业创业。针对社区居民提供参与就业的各项服务内容，通过发布相关的就业帮扶政策，法律法规等，让普通居民在线上参与培训学习。（10）平安创建。排查各类安全隐患，对各类安全行为进行宣传教育，通过线上新闻发布并结合线下定期组织的安全教育活动，带动居民重视公共安全。（11）健康养老。打造创新的社区养老模式，通过发布相关的政策规定，针对社区的孤寡老人进行养老帮扶。（12）社会组织。社区组团联席会以及各类新闻报道，充分发挥"小巷书记"在社区治理中的积极效应，倡导社会组织参与社会治理。

3. 商务服务

"智慧鼓楼"信息平台的商务服务板块，主要包括以下三方面内容。一是便民服务。便民服务栏目主要为社区居民提供生活便利，提供常见的一些生活服务，例如对家用电器进行清洁清洗，方便居民日常生活。后续开放的积分商城还可以使用积分兑换一些实物奖品等。二是专题服务。专题服务下设多个栏目板块，分别为康养、扶贫、教育、民生这四大类，目的是实现智慧社区便民信息的动态发布，让社区居民得到更多的信息资源，提高智慧社区与用户之间的资源互动。三是社区服务。社区服务的运营权限后续将下放至各街道办或社区手中，通过与周边商户建立合作，在智慧社区平台上为商户的物品或服务提供线上宣传广告，商家也可以为社区提供一些活动礼品作为回馈，让社区、居民及周边商户互惠互利，共同参与打造一个良性的智慧社区公共服务平台。

4. 物业服务

"智慧鼓楼"信息平台上的第四个板块为物业服务，主要内容包括以下四个方面。一是物业服务。该板块下设两个栏目，包括报修投诉和投诉建议，主要是小区业主对小区内的设备设施进行申请报修处置，以及居民意见收集、处理，建立快速有效进行舆情及意见反馈机制。支持用户在线发表意见及建议，同时还可以上传图片资料等。二是物业新闻。物业新闻板块主要是为居民提供一些社区物业的便民服务、本地热门新闻等资讯类服务，也可以发布一些社区举办的各类活动等内容。三是物业办事。物业服务是体现智慧物业应用的重要板块，在这里社区居民可以与小区物业进行信息互动，实现装修管理、中介服务、报修和投诉记录查询等。四是调查问卷。为社区居民提供针对小区物业的在线调查问卷功能，通过各类问题及选项，让居民对物业进行评价。

（三）"全要素网格化"治理

江苏省徐州市鼓楼区利用网格化平台促进力量下沉、夯实基层基础，通过技术创新，整合数据资源，提高治理能力，形成"一网全共享、多维共治理"的治理体系，依托大数据分析和人工智能应用支撑"网络＋网格"体系，构建了"一网多层、一体多维、一格多元"的"全要素网格化"治理模式。徐州市鼓楼区完成了3000平方米的区网格化服务管理中心建设，投资逾千万元在区中心购买10套高标准智能服务器，并在鼓楼区开发基于网格的社会治理系统集群，包括社会治理数据云和指挥平台两个主要部分，共有11个子系统，包括数据集成，联动指挥，风险研判，科学决策，评估考核，事件调度和事件咨询等。

徐州市鼓楼区全区通过统筹安排，系统规划，在智慧鼓楼建设的"区—街道—社区—网格"四级架构下，针对基层管理条块分割、部门管理资源分散等问题，打破条线壁垒，将辖区内人、地、事、物、组织等各类资源全部纳入网格，实现线上线下"一网覆盖"，从而实现社区治理的协同化。一是结合该区实际，建立了包括区、街道、社区及网格在内的覆盖全区的"四级联动"治理体系，并在部分网格建立了驿站；同时，该区的与社会治理相关的公安、综治及城管等多个部门紧密依托网格，对相关的巡逻、执法及服务工作机制进行了调整和优化，确保全区社会治理工作实现无缝对接。二是建立一支高素质的网格治理队伍。该区将部分街道及社区工作人员充实到网格一线，并通过社会招聘85名专职的网格员，选聘376名网格长，确保每个网格人员配置齐全，即"四组八员"；同时，该区进一步明确了网格书记、网格长及网格员的工作职责，并梳理出网格工作清单119项作为考核的标准，搭建社会治理考核平台，对所聘用的专职网格员进行动态化管理，对于量化考核不达标的将予以清退。三是该区搭建了"一站式"服务管理平台，网格化服务管理、数字化城管、综治、政务服务全面入驻指挥中心，实现了四个中心一套班子、统一管理、集成指挥的一站式服务。

（四）线上线下多维保障自治

徐州市鼓楼区互联网推动线上线下多维自治。线下以街道、社区、网格为主体，通过多层次协商推进居民自治，线上试点推行开展"e选举""e协商""e决策""e管理""e监督"工作，推行"5e"自治，强化居民自治和监督实现协同治理。

1. 线下：协商全领域

搭建"3+X"协商体系，建立街道、社区、网格三级协商平台，动态设立"X"专项协商渠道，由基层各级党组织牵头，对网格内重大决策事项、重大问题、涉及公共利益的信访或矛盾，组织协商主体和相关专业部门广泛咨询、协商。推广"4F"协商模式，发挥社区协商枢纽作用、发现群众热点难点问题、发起议题搭建协商平台、发动群众全面广泛参与，通过业主委员会初步协商、社区专项委员会专业协商、街道综合协商的方式，引导各协商主体理清路径、达成共识。规范10项协商载体，围绕民主协商事务、民主化解矛盾、民主自治服务三项功能，建立健全10项协商会议载体，即在初级协商阶段，通过民生约谈、业委会专题协商会议、业主大会3种形式，协商解决网格内部问题；在专业协商阶段，通过专项委员会协商会、社区居民议事会、居民理事会、民情恳谈会4种形式开展协商工作；在综合协商阶段，通过专题协商、界别协商、提案建议"开门办理"3种形式，集中专业部门资源开展协商。

2. 线上："5e"自治

在建设"智慧"基层自治体系方面，选取试点街道和社区，试点推行开展"e选举""e协商""e决策""e管理""e监督"工作，实现了以完善群众参与基层社会治理的制度化渠道为核心的"5e"
自治。试点"e选举"：严格按照选举相关法律法规，通过信息分
层机制，采取实名注册和"无记名投票"双重保障制度，规范"选
民登记—公布条件—报名—资格审查—初步选举—正式选举"的网
上选举程序，试点开展网上选举；试点"e协商"：采取"开放空间"
议事、民主恳谈、专家评审、书面征询、决策听证等多种形式的线
上"e协商"，搜集群众反映强烈的突出问题，按照线上发起议题、
线上协商、反馈满意度等程序，开展协商活动；试点"e决策"：
召开以居民需求为导向的线上社区党委（总支、支部）提议会、社
区协商议事会（社区大党委会议）商议会、社区"两委"审议会、
居民会议或居民代表决议会，通过线上提问与质询和民主投票，开
展民主决策；试点"e管理"：采取网上意见收集、公开听证、民
主决策、执行督办、群众评议等形式，引领辖区多方主体积极参与
社区治理，献智献策，推进社区治理及时化、高效化；试点"e监督"：
开通"三务"公开、"群众访谈日""上门走访""圆桌会"和社
情发布会等监督栏目，让居民群众足不出户就可以对民生资金、民
生项目、社区财务等使用发放情况进行实时监督，为监督执纪"添
翼助力"。

第三节　案例经验总结

随着我国部分地区智慧社区建设的不断深入，其协同治理模式
也在不断创新和发展。从国外到国内，智慧社区的发展经历了从政
府引导到多方协同，从技术驱动到以人为本，从被动应急到主动预
防的过程。智慧社区的建设，不仅需要政府的主导和投入，还需要
多方的协同参与和共同努力。同时，智慧社区的建设还需要不断深

化技术创新和人才培养，以实现智慧社区建设与治理的有机结合。智慧社区的建设，是一项系统工程，需要政府、企业、居民和社会组织等多方共同参与。在这个过程中，政府的作用不可忽视，但也不能替代其他各方的角色。政府应该发挥引导和协调的作用，为智慧社区的建设提供政策支持和资金投入，同时也要尊重和发挥其他各方的积极性，鼓励多方参与智慧社区的建设，形成政府、企业、居民和社会组织共同参与的治理模式。

一、加强政府主导，提升运营能力

为了进一步提升智慧社区的协同治理效能，强化政府的主导角色是至关重要的第一步。这不仅意味着要深化党的领导力在社区治理结构中的纵向渗透，确保从区级到街道、居委会乃至最细小的网格单元，都能紧密相连、高效互动，形成一个从上至下、由下而上的双向驱动机制。在此基础上，构建起"区—街—居—网格"四级联动的组织体系、明确权责划分的责任体系以及科学合理的制度体系，是保障智慧社区建设顺利推进的关键。特别是通过细化"社区党委—网格党支部—楼院党小组—党员中心户"的党组织架构，可以确保政策传达无阻滞，居民需求快速响应，为智慧社区的运营奠定坚实的组织基础。在具体运营过程中，政府应当扮演引导者与协调者的角色，鼓励居民积极参与，同时吸纳相关企业的技术支持与资源投入，形成政府—居民—企业三驾马车并驱的合力模式。这一模式的核心在于社区平台的建设和运营，该平台需建立在强大的数据中心之上，这个数据中心负责整合居民的个人数据，确保信息的安全与隐私保护，同时为精准服务提供数据支持。社区规划上，应深入调研居民的实际需求，结合现代城市规划理念，科学控制时空布局，推动智慧设施的合理分布，如智能安防设备、环保节能设备等，以技术手段优化居民生活体验，实现社区空间的智慧化升级。

通过各部门间的信息系统互联互通，打破数据孤岛，智慧社区能够实现业务流程的无缝整合，为居民提供一站式、便捷高效的在线服务，如电子政务、在线教育、远程医疗等，极大地提升了管理效率和服务质量，让信息化成果惠及每一位社区成员。此外，利用大数据分析及移动互联网技术，开发定制化的居民应用，不仅能根据个人偏好推送个性化服务，还能通过实时反馈机制持续优化服务内容，真正实现服务到人、服务到心。与此同时，智慧社区应积极探索社交网络服务与共享经济模式的融合，比如建立线上社区交流平台，促进物品共享、技能交换等，不仅增强了邻里间的互动与互助，还促进了社区文化的传承与创新，重构了具有时代特色的社区精神，让智慧社区成为连接人心、激发活力的新场域。

二、重视人才培养，促进成果转化

智慧社区作为未来城市发展的重要组成部分，其成功构建不仅仅依赖于先进的信息技术，更需要跨领域的专业人才团队来共同推动。为了应对这一挑战，重视并加强人才培养，促进科研成果的有效转化，成为推动智慧社区发展的关键策略。首先，国家层面应当出台更多激励政策，设立专项基金，以吸引和培养具备信息技术、城市规划、建筑设计、项目管理等多领域知识的复合型人才。这些人才是智慧社区建设的中坚力量，他们的参与能保障项目的技术先进性与实施效果。同时，加大对现有基层社区工作者的培训力度，引入现代化管理理念和技术手段，提升其数字化素养和服务能力，促使社区服务队伍向更加专业化、年轻化迈进。这样不仅能满足社区日常管理与服务的高质量需求，也为智慧社区的可持续发展打下坚实的人才基础。其次，高校与科研机构作为知识创新的源头，应当被充分调动起来，鼓励它们与政府、企业紧密合作，围绕智慧社区建设开展前瞻性研究。通过搭建产学研用资一体化平台，加速科研成果从实验室走向实践应用的转化过程。例如，通过建立联合实验室、创新孵化器等形式，将最新科研成果应用于智慧社区的规划、设计、建设和运维中，形成科研与实践相互促进的闭环。这种"政产学研用资"六位一体的合作模式，不仅能够加速科技成果的产业化进程，还能促进智慧社区解决方案的不断迭代优化，保持其领先性和适用性。尤为重要的是，要构建一个开放共享的智慧社区协同治理平台，作为连接各方资源的桥梁。该平台不仅能够整合政策指导、资金支持、技术研发、人才培养等多方面资源，还能为社区居民、管理者、服务提供商之间搭建沟通交流的渠道，确保各方需求与反馈能够及时传递，形成闭环管理，进一步提升智慧社区的治理效能和居民满意度。

三、多源信息融合，数据资源支撑

在智慧社区建设中，充分利用并整合多源信息资源，对于实现精准服务、提升居民满意度至关重要。合肥方兴社区的社区治理一体化平台提供了一个生动实例，展示了如何通过高效的数据融合功能，挖掘海量社区数据背后的价值，从而提供更加贴近居民实际需求的智慧服务。该平台的核心竞争力在于其高度集成的数据融合机制，它不仅能够自动从网格化管理平台、热线服务平台、社交媒体（包括微博和微信）以及专属移动客户端等多个渠道广泛收集信息，还能通过先进的数据分析技术，对这些来源各异的数据进行深度整合与智能解析。网格化平台的设置尤为精妙，它依据社区的实际情况划分为多个管理网格，每个网格配备由专职网格员、专业网格员以及兼职网格员组成的多元化团队。专职网格员作为一线工作者，负责日常的巡查与问题记录；专业网格员凭借其专业知识和岗位经验，为复杂问题提供专业指导；兼职网格员则利用他们与社区居民的紧密联系，收集更加细致入微的居民反馈。这种人员配置既保证了信息收集的全面性，也确保了服务响应的时效性。而热线平台、微博、微信及移动客户端作为居民直接发声的窗口，为居民提供了便捷的反馈通道，无论是紧急求助还是日常建议，都能迅速上传至社区治理平台。这些数据经过智能筛选与融合，不仅能够准确捕捉到居民的真实需求，避免了单一渠道可能带来的信息偏颇或遗漏，还能够通过大数据分析，预测社区未来的需求趋势，提前规划服务资源。尤为重要的是，这一多源信息融合的过程，实质上是构建了一个以居民为中心的信息生态系统，它强调的是信息的真实性、全面性和即时性，确保社区服务能够精准对接居民期待，提升居民的参与感与归属感。同时，这一机制也为社区管理者提供了决策支持，使得资源分配更加合理，服务供给更加高效，从而整体上推动智慧社区治理能力的跃升，真正实现了数据资源支撑下的精细化、智能化管理，促进了社区和谐与居民福祉的双重提升。

四、建立应急管理，树立预防理念

社区作为社会的基本构成单元，其在应急管理中的作用日益凸显，尤其是在面对诸如新冠疫情这样的全球公共卫生危机时，社区不仅是防控的第一线，更是维护社会稳定与居民安全的重要堡垒。因此，树立预防为主的理念，建立健全社区应急管理机制，对于提升社区整体应对突发事件的能力具有不可估量的价值。社区应急管理机制应以预防为主，依靠日常风险评估与监测，及时识别并处置潜在风险，做到早发现、早报告、早处理。方兴社区治理综合平台的应急管理模块，正是这一理念的生动实践。它不仅能够进行模拟演习，提高社区工作人员在紧急状态下的快速反应能力和协同作战水平，还集成了信息监测系统，能够实时追踪各类动态信息，为决策提供数据支持。这种基于数据驱动的决策支持，确保了应急响应的科学性和有效性，大大提高了应急处置的效率。此外，该平台还涵盖了启动应急预案、舆论导向管理、信息报告流程优化、跨部门协调合作以及知识管理等多个维度，形成了一个完整的应急管理体系。其中，启动计划的快速执行能够确保在危机来临时，各项应急措施得以迅速部署；舆论指导功能有助于在紧急情况下正确引导公众情绪，维护社会稳定；信息报告流程的优化，则确保了信息的准确、及时传递，减少了信息不对称导致的决策失误；而部门间的高效协调，则是实现资源整合、形成应对合力的关键。更为重要的是，通过知识管理功能，社区能够积累历次应急事件的处理经验，形成案例库和最佳实践指南，为未来的应急管理提供宝贵的学习资源，不断提升社区整体的应急准备与响应能力。这一系列举措，不仅强化了社区作为疫情防控和社会治理基石的地位，还促进了社区治理能力的现代化转型，使其在面对任何突发事件时都能做到心中有数、手中有策，有效守护居民的生命安全和社会的和谐稳定。

第四章　我国智慧社区协同治理的现状与挑战

　　智慧社区建设涵盖了从基础设施到智能服务的方方面面，通过整合资源和技术手段，致力于实现社区管理的智能化、精细化和高效化。然而，在这一过程中，各种现实问题和障碍逐渐显现，亟需深入探讨和解决。因此，本章将聚焦于智慧社区的典型治理模式，从政社协同的深度合作到政企协作的创新路径，再到多元主体参与的广泛联盟，揭示不同模式如何塑造社区治理新生态。随后，转向审视协同治理进程中遭遇的复杂挑战，包括资源整合与协调的低效性、技术应用与智能服务落地的局限性、信息安全与隐私保护的紧迫性，以及居民参与意愿与数字技能差异的现实障碍。

第一节　我国智慧社区协同治理的典型模式

　　智慧社区建设在我国逐渐成为提升城市治理水平和居民生活质量的重要举措。为了实现这一目标，多个治理模式应运而生。第一，政社协同治理模式通过政府与社会组织的深度合作，探索基层治理的新路径。第二，政企协同治理模式将政府与企业的资源和技术优势相结合，推动智慧社区的创新发展。第三，多方协同治理模式整合了政府、企业、社会组织和居民等多元主体的力量，共同构建广泛的合作网络，推动社区治理的全面升级。

一、政社协同治理模式

深圳市南山区采用的是一核多元的社区治理模式，区别于传统的规制性、自治性管理。该模式以"车夫驱动、三马拉动、伙伴推动"为核心，构建了一种"三驾马车"式的协商共治模式。在这种模式下，社区党总支就像一个"车夫"，发挥着主导社会发展方向、把握发展节奏的作用；而社区居民委员会、社区服务中心和社区工作站则像"三匹马"一样，担负着社区的自治、服务和管理功能。不同类型的社会组织及常驻机构作为"亲密伙伴"，在安保、信息传递、后勤保障等方面发挥着重要作用。以此为基础的协商式治理模式，可以有效地解决基层群众参与度低、基层党组织组织力弱等问题，实现社会各方面的利益均衡与协调。通过这种模式，南山区社区治理实现了多方参与、协商决策的目标，有效缓解了社区内部矛盾，促进了社区稳定发展。社区综合党委的引领作用、社区居委会等机构的自治服务以及社会组织和驻区单位的支持配合，共同构建了一个积极、和谐的社区治理体系。这种治理方式不仅增强了社区居民的获得感和参与感，也提升了社区整体的凝聚力和发展活力，为建设和谐社区做出了积极贡献。

（一）社会工作站：政社协同治理下的枢纽

在社会治理体制建设方面，社会工作作为一种社会力量，一直在发挥协同作用。协同是双方或多方在某一事情上的协力合作，它不但包括各方的共识，还包括为实现同一目标的共同努力。具体到社会工作发展领域，在治理格局建构上，自然是党和政府为主，社会力量为辅。但是在具体服务提供上，政府可能就是要指明方向、提供各种必要的保障，真正的一线具体服务，则要由社会工作机构实施。政府由于人力和时间不足，因此通过政府购买社会工作机构的服务来弥补，包括建立社工站。在具体服务提供方面，政府的角色是支持、协助社会工作机构顺利完成任务，这是政府与社会工作协同合作的体现。在引入社会工作专业力量之后，地方党政负责人又在力所能及的范围内，帮助社会工作机构安排办公场所、保障社会工作服务经费、召开会议让村居负责人了解和接纳社会工作者进入本地工作，有的还建立了社会工作机构列席党政联席会议制度。因此，在社会工作发展的过程中，政府与社会服务机构的协同是双向的。

政府在构建公共服务体系时通过横向分工实施业务归核，将具体的公共服务外包给其他机构，以便自身专注于规则制定和监督。这种外包并未导致政府职能减弱，相反，在规模经济效应的作用下，政府增强了对公共服务的影响力和控制力。社会工作站扮演着关键的枢纽地位，利用通用界面连接更多社会力量，促进不同主体间的协作，实现边界型治理。通过社会工作站的参与，政府与社会之间的互动范围得到拓展，有效整合和利用社会资源，提高了公共服务的质量和效率。这种模式促进了政府与社会各方的合作与共建，为社会治理体系注入新的活力，同时也增强了公共服务的可持续性和适应性。通过社会工作站这样的枢纽角色，政府能够更好地整合社会资源，提高公共服务的质量和效率，以及枢纽型组织的系统集成功能。

社会工作站作为政府与社会力量之间的桥梁，是推动政社协同治理的中枢。首先，其在组织设计层面，通过构建公共服务供给网络，强化了政府、社区、非政府组织、企业等多元主体间的互动，确保服务的有序提供。通过明确的角色分工和协作机制，每个参与者都能在各自的领域发挥专业优势，形成合力。其次，社会工作站扮演了严格监督的角色，持续跟踪和评估公共服务的运行状况，确保政策的执行和公共服务质量。通过定期的评估报告，及时反馈问题，推动改进，确保公共服务的公正性和有效性。最后，社会工作站还通过设立捐赠服务平台，成为解决社区公共服务难题的创新途径。平台不仅汇集了各方资源，还提供了一个透明、公开的渠道，鼓励居民、企业和社会团体参与，共同解决社区的实际需求，实现资源共享和问题解决。这种机制不仅增强了社区的自我服务能力，也增强了公众对政府公共服务的信任和支持。这些措施共同促进了公共服务体系的完善和优化，增强了公共服务的可持续发展能力，推动社区公共服务水平不断提升，满足居民多样化的需求。

（二）信息共享：政社协同治理的关键路径

社区治理需要多级政府和社会组织之间的密切协调。社会组织在基层深入服务，更容易了解居民真实需求，并将这些信息简洁地传达给中心枢纽组织。这种信息反馈机制有助于政府及时了解社区问题，有效制定和调整政策措施。通过政府与社会组织的合作，可以实现资源优化配置和问题快速响应，提升社区治理效率和质量。

政府作为整体规划的主导者，通过整合资源，探寻最优的协同治理模式，对公共服务供给系统进行优化。这一过程中，多元社会主体，如居委会、非政府组织、企业等，因其专业性和灵活性，能够在各自领域提供高效服务。政府与社会主体间的兼容性和依赖性增强，形成良性互动，共同推动治理能力的提升。这种协同不仅体现在公共服务的提供上，更体现在双方共同学习和进步，实现互利共赢。政府通过社会力量的参与，能够获取更贴近居民需求的反馈，提升公共服务的针对性；而社会主体则从政府的指导中获得资源和政策支持，得以创新和扩展服务领域。这种动态平衡的治理模式，确保了社区的和谐稳定，促进了公共服务体系的灵活性和高效性，使得政府和社会组织能够更好地协同合作。

社会工作机构是政府为了做好民生服务和基层社会治理、通过自建机构或政府购买服务的方式得以建设的，所以社会工作机构的职责就是协助政府做好工作。社会工作机构在政府赋权、赋责之下承担协助角色，这种协助是必不可少的。此外，社会工作机构不但要完成政府交办的工作，还应该创造性地做好工作。社会工作机构能运用社会工作专业方法，提供好的服务，把事情办得更加妥当，避免可能出现的后遗症，实际上是对政府最大的协助。通过分散的信息处理、传递和交换，合作主体的联系规则被不断筛选、进化和发展。总之，社会工作者如果能实时进行信息共享并向党政部门提出合理化建议，也是对政府很大的助力。

（三）制度保障：政社协同治理实施的基石

政府购买服务在政社协同治理中发挥着至关重要的作用。在新的政社协同治理机制下，政府与枢纽型组织建立了紧密的合作关系。相对数量较少但稳定性较高的枢纽型社会组织能够为政府提供持续稳定的综合服务，通过强关系传递复杂信息，双方的合作关系不断加深，因此政府往往不轻易淘汰这些组织。枢纽型组织形成了所谓的"累积学习效应"，他们不断改进和创新，提升服务质量和水平。这种持续改进的过程使得枢纽型组织更好地满足社区需求，同时也为政府提供了有力的支持。政府购买服务的方式有效地激励了社会组织不断提高自身水平，提供更优质的服务，并且通过长期稳定的合作关系，双方能够获得持续的合作机会和长期的运营稳定性。这种政府购买服务的模式不仅提高了公共服务的效率和质量，也促进了政府与社会组织之间的良性互动，推动了整体治理水平的提升。

枢纽型组织与公共服务提供方之间采用弱关系治理模式，通过竞争促进公共服务供给效率的提升。这种模式下，社会组织之间展开竞争，导致提供方之间的合作关系相对较弱。当现有的公共服务提供方无法满足需求时，他们将迅速被淘汰，而新的供应商则不会因为合作时间短而受到歧视。在政府购买服务的"淘汰赛"中，各方被激励进行治理创新，拓展创新空间，提升创新标准和服务质量要求。这种竞争机制推动了公共服务提供方持续改进和创新，以满足多样化需求。同时，这种弱关系治理模式也带来更大的灵活性和适应性，鼓励参与者积极调整策略和服务方式，从而提高公共服务的质量和效率。

这种竞争驱动的模式促使公共服务提供商不断优化能力，谋求创新发展，同时在变革中找到长期稳定的发展路径。政府购买服务机制的"淘汰赛"激发了各方的活力和创造力，为公共服务领域的发展带来了更多可能性和机遇。这种激励机制推动了公共服务体系不断优化升级，促进了服务质量的提升和效率的改善，使得政府与社会组织间的合作更加顺畅、高效，提升了公共服务质量，推动社会治理水平稳步提高。

二、政企协同治理模式

智慧社区建设是优化基层社会治理、推动智慧城市建设的关键，依托现代信息技术建立大数据平台和管理系统，达到整合分散资源，辅助基层治理，回应居民需求的目标。作为一项准公共物品，智慧社区建设理论上应由政府和市场主体共同分担，坚持"政府主导、行业协同、企业和社会共同参与"的原则。①

在政府与企业合作的有关理论中，以周黎安的"官场＋市场"理论为典型，他着重于探讨具有中国特色的政府与企业互动模式，揭示了政府与市场的良性互动、政企的有效合作必须满足的三个条件，即提供内部的政治激励、外部的市场约束和必要的信息反馈和

---

① 赵聚军，王智睿. 超越 PPP：智慧社区建设中的政企合作模式及其演进路径［J］. 城市发展研究，2023，30(08):110-115+132.

引导机制。① 智慧社区建设以党组织、居民自治组织、经济组织和社会组织为核心主题。在政策夹持下，通过"四位一体"协同治理模式，各行动主体分工合作，实现党组织领导和协调、经济组织支持和参与、自治组织和社会组织贯彻执行的格局。同时，群众和各类组织要共同监督基层各项事务的运行，实现共建共治共享的智慧社区的目标。在智慧社区中，这些组织具体到个人就是智慧社区所服务的对象，而不同主体之间如何实现协调、参与、执行则是建立信息反馈和引导机制综合运用数字技术的手段推动，并最终实现智慧社区建设的公共价值的目标。换言之，目前的智慧社区建设大多基本满足了"官场＋市场"理论中的提供内部的政治激励、外部的市场约束和必要的信息反馈和引导机制，能够实现政企合作。

政府和企业在智慧社区建设中存在资源禀赋差异，促使双方互相依赖，政府需要企业的技术、人才、设施等资源，出台政策制度与企业合作并培育发展创新型企业。企业需要政府的项目资金，积极参与争取智慧社区建设项目，双方为获取对方资源产生了共生式互依关系。② 对于企业来说，其可以作为智慧社区治理体系内的一分子，因为企业也是一类"经济组织"，甚至可以成为一种类型的"社会组织"——社会企业。③

目前对于政企协同模式的分类主要有两种，一是政府主导模式，二是 PPP 模式。在早期实践中，政府主导特征十分突出，企业参与、政企合作的深度和广度均有待提高。然而，大中城市的社区数量多且分散，政府在资金和技术等方面存在短板。鉴于此，强调政府与社会资本合作的 PPP 模式得到了学界的普遍认同。近年来，随着

---

① 周黎安."官场＋市场"与中国增长故事［J］.社会，2018，38(02):1-45.
② 谭颜波.论数字政府建设政企合作的关系重塑——基于 H 市的案例分析［J］.山东行政学院学报，2023，(02):62-69.
③ 宋煜.社区治理视角下的智慧社区的理论与实践研究［J］.电子政务，2015，(06):83-90.

智慧社区建设的潜在商机被不断挖掘，以互联网公司、通信企业为主的各类企业纷纷参与其中，激活了市场配置资源的作用。

在此基础上，学者赵聚军基于政府主体和市场主体的内部激励和资源约束两个方面构建起"内部激励—资源约束"的分析框架[①]，解释当前智慧社区建设中的政企合作模式。对于地方政府，内部激励越强，资源能力越弱，越倾向于深度介入。对于企业，内部激励（直接收益）越强，资源能力（独立性）越强，越倾向于选择市场机制参与，由此分为政企合作模式的四种类型。

表格 4-1 智慧社区建设中政企合作的四种模式（来源：赵聚军）

市场主体			
政府 主体	资源 激励	强	弱
	强	A：政府干预—积极市场	C：政府主导—市场参与
	弱	B：政府 x 引导—有效市场	D：政府推动—市场助力

综合各地现实实践，当前的智慧社区建设依然主要呈现为（C：政府主导—市场参与）政府主导和（B：政府引导—有效市场）PPP 两种模式：前者由政府主导投资建设，其他主体的参与度较低；后者主要由社会资本承担建设和运营等工作，并通过"使用者付费"及必要的"政府付费"获得回报，政府主要负责基础设施配套及监管。

（一）政府引导——有效市场

PPP 模式即政府和私营部门之间的合作伙伴关系，是一种公共事务的合作模式。在 PPP 模式下，政府通过政策支持、投资等方式提供支持，私营企业则负责投资、技术、管理等方面的工作，双

---

① 赵聚军，王智睿.超越 PPP：智慧社区建设中的政企合作模式及其演进路径［J］.城市发展研究，2023，30(08):110-115+132.

方共同承担项目的风险和责任，实现项目的共同发展。

在智慧社区建设中，PPP 模式的应用涵盖了基础设施建设、信息化建设、服务管理等多个方面。

一是基础设施建设。政府和企业可以共同投资建设社区基础设施，如道路、公园、广场等，提高社区居民的生活品质和城市形象。引入智能化技术，如智能路灯、智能垃圾分类设施、电梯智能报警设施等，以提升社区的可持续发展性，打好社区韧性治理的基础，政府和企业可以共同投资开发这些智能化基础设施，以改善社区的生活品质和环境。

二是信息化建设。政府和企业可以共同投资建设智慧社区的信息化平台，包括物联网、大数据、云计算等技术的应用，提升智慧社区的管理和服务水平。加强对数据的应用和分析，以实现更精准的社区管理和服务。政府和企业可以合作开发智能化的数据平台，为社区管理和决策提供更科学的支持。政府将治理需求传达给技术企业，企业通过数字技术手段进行需求实现，比如在社区数字治理平台中国通过大数据分析，可以更好地了解社区居民的需求和偏好，从而优化社区服务和资源配置。

三是服务管理。政府和企业可以共同打造社区生活服务平台，提供物业管理、家政服务、健康管理等多种服务，满足居民的多样化需求，提升居民的生活品质和安全感，为社区居民创造更舒适、便捷的生活环境。同时，政府和一些社会企业在公共服务领域的合作，也有助于拓展就业机会，关注弱势群体，提升居民的生活幸福感。

总体而言，PPP 模式具有以下优势。一是风险分担：在 PPP 模式下，政府和企业共同承担项目的风险和责任，降低了单方面承担风险的成本和压力。二是资源整合：政府和企业在 PPP 模式下共享资源，充分发挥各自的优势，提升项目建设的效率和质量。三是长期盈利：PPP 模式通常采用 BOT（建设—经营—转让）模式，即企业承担项目的建设和运营，在服务期满后通过收费获取盈利，同时将项目转让给政府，实现双方的共赢。

（二）政府引导——市场参与

智慧社区建设中的政府主导模式是指政府作为主导者和推动者，在智慧社区建设中发挥主导作用，通过政府引导、规划和监管，组织各方资源，推动智慧社区建设的模式。在这种模式下，政府承担着规划、政策制定、资金投入、监管等重要职责，与企业、社区居民等各方共同参与，形成政企合作的合力，推动智慧社区建设取得实质性进展。

政府通过规划和政策引导，确保智慧社区的发展目标得以实现。政府不仅负责规划智慧社区的未来蓝图，设定发展目标和实施路径，还通过制定相关政策法规，为智慧社区的建设提供坚实的政策支持，创造一个有利于创新和发展的环境。政府还承担着资金投入的责任，通过财政资金和政府投资基金等渠道，为智慧社区的建设提供必要的财政支持。这种资金投入不仅解决了项目建设中的资金问题，还通过政府采购和 PPP 模式等手段，鼓励和引导企业参与智慧社区的建设，共同承担项目的投资和运营风险，实现互利共赢。此外，政府在智慧社区建设中还提供技术支持和标准制定。政府通过设立专门的领导小组和专家咨询机构，汇聚专家学者和企业代表的智慧，共同研究和推动智慧社区建设的关键技术和标准的制定，确保技术的创新和成果的转化。在政府主导模式下，智慧社区建设强调共建共享和社区参与。政府鼓励社区居民积极参与智慧社区的建设，发挥他们的主体作用，参与到项目的决策和评估过程中，共同推动智慧社区建设的实施。同时，政府还建立了信息共享机制，促进政府、企业和社区居民之间的信息交流和资源共享，实现智慧社区建设的可持续发展。最后，政府主导模式下的智慧社区建设还需要加强风险管理和后期监管。政府建立了项目评估和风险管理机制，及时发现和解决项目建设中的问题和风险，确保项目的顺利推进。同时，政府还加强了对项目的后期监管，定期评估项目的运营情况，及时调整政策和措施，保障项目的长期稳定发展。

政府主导模式在智慧社区建设中起到了重要的推动作用，可以带动资源整合和基础设施建设。政府在规划和投资上具有较强的资源调配能力，可以整合各方资源，推动项目的顺利进行。同时，政府主导模式下的项目往往具有较高的稳定性和长期性，有利于保障社区建设的可持续发展。

智慧社区强调运用现代信息技术搭建对话平台、协调平台，实现社区不同主体的诉求表达机制，公共权力逐步回归社区，鼓励社区居民、社区组织、社区企业等成为平等参与的社区治理主体，构建社区治理协作网络，从而推动社区治理结构由一元向多元化转型，形成多元主体参与的新型社区复合治理模式。而智慧社区建设通常由上级政府推动，技术企业、社会企业等通过网络化行动协作机制共同参与建设与管理。[1]网络状的行动协作是智慧社区智慧治理、智慧服务等功能得以高效应用的关键，同时也是构建社区生活共同体的必然选择。只有将不同的社区主体调动起来，形成统一有序的行动协作格局，才能够重建主体信任、凝聚社会资本、推进优势互补，进而重塑智慧社区共同体，满足社区主体的多元化需求。在智慧社区建设中必须通过技术互联、机制建设将这种关系转变为有序的网络状的行动协作关系。

智慧社区的政企协同治理的最终导向是智慧社区公共价值共创，关注社区的公共利益，提升居民的参与感、获得感和成就感。通过精细化、靶向化和动态化的方式提供服务，推动基层社区治理

---

① 姜晓萍，张璐.智慧社区的关键问题：内涵、维度与质量标准［J］.上海行政学院学报，2017，18(06):4-13.

向"智慧"模式迈进。① 智慧社区治理重新确立了以居民内在需求为导向、以社区公共利益为追求的多元主体协同行动的合作机制。在强化现代信息技术基础上，更加突出技术手段与治理理念的有机结合，打破过去的误区，强调对社区公共价值的认同。这种认知转变推动了社区治理和发展实现从"智力"到"智慧"的重要飞跃，促进人性化、协同化和精准化的社区治理。

三、多方协同治理模式

智慧社区建设的多方协同模式是基于一种多元化的参与架构，旨在发挥各主体的力量，并满足其服务需求。在该模式中，多方协同是实现智慧社区建设的重要手段，要求不同利益相关者通过社区治理平台进行有效的合作生产，政府、企业、社区社会组织以及社区居民等多方主体应加强协作，共同推动智慧社区的建设。

（一）基于价值共识达成多方协商

在智慧社区建设中，多方协同首先需要达成统一的价值目标，不同价值目标会影响协同主体的行动策略，而达成价值共识的过程实际就是协调多元价值目标的过程。② 在智慧社区建设过程中，首先要明确多方主体的共同的目标和价值观。各方需要认同智慧社区建设的理念，如提升居民生活质量、优化社区治理、促进可持续发展等，以此为基础展开协商。通过建立有效的沟通渠道、加强信息透明度和共享，各方可以增进了解，建立信任，从而更好地展开合作。基于价值共识的多方协商需要充分沟通和民主讨论，各方应积

---

① 王凯，岳国喆.智慧社区公共服务精准响应平台的理论逻辑、构建思路和运作机制［J］.电子政务，2019，(06):91-99.
② 王欢明，张露丹.价值共创何以增效基层智慧治理？——以 S 市 Z 街道为例［J］.信息技术与管理应用，2023，2(06):108-120.

极表达自己的意见和需求，从而找到利益的平衡点，实现共享发展。在智慧社区的建设中，价值共识的多方协商是关键，通过明确目标建立信任机制、合作分工、持续评估等措施，促进各方合力推动项目顺利进行。

（二）构建信息平台促进多元参与

多方协同模式的形成是实现智慧社区的有效途径之一，通过构建信息平台共享治理任务来实现协同主体间的关系耦合，在多元主体参与的前提下整合治理能力，发挥多方主体治理力量。构建信息平台是智慧社区多方协同模式中多方主体联结的治理工具，通过信息化手段，打破了时空限制，拓宽了协同主体参与渠道，增强了智慧社区中的参与度和治理效果。在这一模式中，信息平台成为连接政府、企业、社会组织和公众的桥梁，推动了各方力量的积极参与和互动交流。信息平台为多元参与提供了便捷的渠道，在传统的社会治理中，公众参与往往受限于物理空间和时间，而信息平台的构建则打破了这些限制。通过信息平台，各方参与者可以共享信息资源，实现数据的同频共振。在信息平台上，公众不仅可以获取信息，还可以发表意见、提出建议，甚至参与决策。智慧社区通过构建信息平台促进多元参与形成多方协同模式，是新时代社会治理的创新之举，有助于提升社会治理的现代化水平。

（三）建立协作机制实现资源整合

建立协作机制实现资源整合是智慧社区多方协同模式的核心。通过有效的协作机制，政府、企业、社会组织和居民等多方协同主体共同参与智慧社区的建设、治理和服务，实现资源的最大化利用，提升智慧社区的整体水平，为居民创造更美好的生活环境。在智慧社区的建设的多方协同过程中，政府、企业、社会组织和居民等各方拥有不同的资源和优势。通过建立协作机制，促进了资源共享，实现优势互补，从而提高资源利用效率。另外，在智慧社区的多方协同模式中，各协同主体可以共同参与社区治理，发挥各自的专业和资源优势，提升治理水平。例如，政府可以负责智慧社区规划和政策制定，企业可以负责技术和产品开发，社会组织可以负责社区服务和活动组织，居民可以参与社区事务讨论和决策，共同打造智慧社区治理共同体。协作机制的完善促进了智慧社区服务创新，各协同主体共同探索新的服务模式和服务内容，以满足居民的多样化需求。

第二节　我国智慧社区协同治理的主要挑战

在我国，由于智慧社区提出的时间尚短，相关理论和技术都仍在探索中，建设主要是注重技术性平台的建设，在管理体制、治理观念、人文建设等方面还存在很多不足，智慧社区尚处于"形似"阶段。

一、协同效能提升：资源整合与协调机制优化

在智慧社区协同治理的框架下，实现高效的资源整合和协调是推动社区可持续发展的核心。然而，当前协同效能不足的问题凸显，资源整合与协调机制已成为制约社区治理创新和效能提升的关键因素。

（一）利益协调挑战：多元主体间利益冲突

在智慧社区协同治理过程中，利益协调面临挑战，尤其是多元主体间利益冲突，成为显著的难题。首先，政府、企业、居民

等不同主体在智慧社区建设中的目标和利益差异明显。政府主要关注的是社会公共利益，致力于提高社区的整体服务水平和治理效率，而企业则更多关注经济效益和市场竞争力，期望通过智慧社区项目获得商业利益。居民则关注生活质量的提升，希望在社区治理过程中获得更便捷的服务和更好的生活环境。这种目标和利益的差异导致了在资源配置和决策过程中，各主体间的冲突和矛盾。由于政府政策的导向性和强制性，企业的市场利益诉求，以及居民的实际需求往往难以在短时间内达成一致，导致资源整合与协调机制的优化面临巨大挑战。其次，多元主体间的利益博弈加剧了协同效能的提升难度。智慧社区建设需要各方在资金、技术、人力等方面进行密切合作，但在实际操作中，各主体为了自身利益，往往会在合作过程中采取防御性策略，甚至出现利益争夺的现象。例如，企业为了获取更多市场份额，可能会在技术标准和数据共享方面设置壁垒，而政府在制定政策时，可能更多考虑宏观层面的效益而忽视了具体实施中的细节问题，居民则可能对企业的商业化行为持怀疑态度，担心个人隐私和数据安全。这种利益博弈不仅延缓了智慧社区建设的进程，也使得各主体间的信任度降低，影响了整体协同效能的提升。最后，利益协调机制的缺失是导致多元主体间利益冲突的根本原因。当前，我国智慧社区建设中尚未形成完善的利益协调机制，缺乏有效的平台和渠道来进行利益表达和冲突解决。虽然在某些地方尝试了多方参与的协商机制，但由于机制设计不够科学、操作不够规范，往往难以达到预期效果。加之各主体间的信息不对称和沟通不畅，使得利益协调过程更加复杂和困难。尤其是在涉及重大利益调整时，缺乏统一的协调机构和明确的规则，导致利益冲突难以有效化解，严重影响了智慧社区的协同治理效果。

（二）数据共享难题：信息孤岛与互通障碍

在我国智慧社区协同治理中，提升协同效能的一个重要方面是资源整合与协调机制优化。然而，数据共享难题，即信息孤岛与互通障碍，成为制约这一过程的主要瓶颈。首先，数据共享难题的具体表现之一是各部门和机构之间的数据壁垒明显，信息无法实现有效共享。由于各部门在数据管理和信息系统建设过程中缺乏统一的标准和规范，导致各系统之间数据格式不一致、接口不兼容，进而形成了信息孤岛。例如，社区管理部门、物业公司、公安机关等各自拥有不同的信息系统，这些系统之间难以进行数据交换和共享。此类情况不仅增加了各部门协同工作的难度，还影响了智慧社区的整体服务效能。究其原因，主要在于各部门在数据管理上的自主性和独立性过强，缺乏统一的技术标准和数据共享协议。其次，数据隐私与安全问题也是数据共享难题的重要表现之一。智慧社区中涉及大量居民的个人信息，如身份信息、居住情况、健康数据等，这些信息的共享和使用必须严格遵守相关法律法规，确保数据隐私和安全。然而，现有的技术手段和管理措施在数据安全保障方面仍存在不足，导致各部门在数据共享过程中对数据泄露和滥用的担忧较大，进而不愿主动共享数据。例如，一些社区管理部门在处理居民数据时，担心数据泄露可能带来的法律责任和社会影响，因此在数据共享上持谨慎态度。此类情况的产生主要源于技术防护措施的不完善和数据管理制度的不健全。最后，数据共享难题还表现为缺乏有效的跨部门数据协调机制。智慧社区的建设需要各相关部门的密切配合，但目前各部门之间的数据协调机制尚未成熟，导致数据共享和利用效率低下。尽管一些地方政府已经开始探索建立数据共享平台，但由于机制设计上的不完善，数据更新不及时、信息传递不顺畅等问题依然存在。尤其是在应急事件处理和公共服务提供过程中，各部门的数据共享和协调效率低，难以快速响应居民需求。这种情况的主要原因在于缺乏顶层设计和系统性的协调机制，各部门在数据共享上的意愿和动力不足，难以形成合力。

（三）沟通合作障碍：协同机制建设不完善

在推进我国智慧社区协同治理的过程中，资源整合与协调机制的优化是关键环节，而沟通合作障碍，即协同机制建设不完善，成为这一环节中亟待解决的问题。首先，不同主体之间的沟通渠道不畅通是协同机制建设不完善的主要表现之一。在智慧社区建设中，政府部门、街道办事处、社区居委会、社会组织以及居民等各主体的共同参与至关重要。然而，由于各主体之间缺乏有效的沟通渠道，信息传递常常出现延误或失真，导致决策和执行过程中的不协调。例如，政府部门和社区居委会之间的政策信息传递滞后，使得基层工作人员在落实具体措施时无所适从；社会组织和居民的需求无法及时反馈到决策层，导致政策制定与居民实际需求脱节。这样的沟通不畅不仅降低了各主体的参与积极性，还严重制约了智慧社区建设的整体进程。其次，各主体之间缺乏共同的目标和合作愿景，是协同机制建设不完善的另一重要表现。在智慧社区建设中，各主体往往因其自身的职能和利益不同，导致在具体实施过程中缺乏统一的行动目标。例如，政府部门主要关注政策落实和公共服务的提升，社会组织关注社区公益事业的发展，居民则关注自身生活质量的改善。这种多元化的目标导向在没有有效协调机制的情况下，容易导致各主体在资源配置和项目实施上出现分歧和冲突，难以形成合力推进智慧社区建设。此外，缺乏共同的合作愿景使得各主体在遇到问题和困难时，倾向于单打独斗，缺乏合作解决问题的动力和机制，这进一步加剧了协同治理的难度。最后，协同机制缺乏明确的责任分工和有效的监督考核体系，是当前智慧社区建设中的一大瓶颈。

在智慧社区建设中，各主体的角色和职责往往界定不清，导致工作推进过程中出现责任推诿和效率低下的问题。例如，某些地方政府在智慧社区建设中扮演了过于主导的角色，而社会组织和居民则处于被动参与的状态，导致其积极性和主动性不足。此外，缺乏有效的监督考核体系，使得各主体在履行职责时缺乏激励和约束，工作成果难以得到有效评估和反馈。这种责任分工不明确和监督考核体系缺失的问题，不仅影响了智慧社区建设的效率和效果，还容易导致资源浪费和项目失败。

（四）资源配置问题：重复建设与资源浪费

在我国智慧社区协同治理中，资源配置问题，特别是重复建设与资源浪费，已成为提升协同效能的关键挑战。首先，智慧社区建设中存在明显的重复建设现象。这通常表现为不同部门或企业在推进智慧社区项目时各自为战，缺乏有效的沟通与协调。例如，同一社区内可能存在多个由不同部门和企业负责的基础设施系统，如安防监控、智能停车等，这些系统往往由不同的企业或部门负责建设和运营。由于缺乏统一的规划和标准，这些系统之间无法实现互联互通和资源共享，导致重复建设现象的发生。这种现象的原因在于，智慧社区建设缺乏全局性的规划与指导，各参与主体在追求自身利益最大化的同时，忽视了整体资源的合理配置和协同效应，结果不仅增加了建设成本，也影响了智慧社区的整体效能。其次，资源浪费问题在智慧社区建设中同样突出。一方面，由于技术更新迭代较快，部分社区在建设初期投入的硬件设备可能很快被淘汰，导致大量资源浪费。例如，一些社区在初期投入了大量资金建设智能监控和物联网设备，但由于技术的快速发展，这些设备在短时间内就变得落后，无法满足新的需求。另一方面，部分智慧社区项目在运营过程中，由于服务场景单一、用户体验不佳等原因，导致设施利用率低，进而造成资源浪费。这种资源浪费的背后，反映出智慧社区建设过程中，对市场需求和居民需求的调研不足，以及对新兴技术发展趋势的把握不够准确，导致大量资源被投入到低效或无效的项目中。最后，智慧社区资源配置问题还表现为投资结构不合理。在智慧社区建设中，政府、企业和社会资本的投资比例失衡，可能导致部分关键领域投入不足，而一些非关键领域则过度投资。例如，一些社区在智能化设施建设上投入大量资金，而在社区管理和服务体系的建设上投入不足，导致智能化设施虽多，但无法有效运行和管理。这种投资结构的不合理，使得智慧社区建设难以形成有效的资源配置体系，进而影响整体项目的效能和可持续性。其根源在于智慧社区建设过程中，缺乏对投资效益的全面评估和监管机制，导致资金使用效率低下，无法形成良性的资源循环和利用。

二、技术应用拓展：智能服务融合与实施策略

在智慧社区协同治理的实践中，虽然智能技术的应用为社区服务和管理带来了前所未有的便利，但在将这些技术转化为实际服务过程中，仍然面临着一系列的实施挑战，这些挑战限制了技术的广泛应用和效能发挥。

（一）技术与应用脱节：成果转化应用难度大

在我国智慧社区协同治理的过程中，技术应用拓展方面的挑战日益凸显，尤其是技术与应用脱节所导致的成果转化应用难度大的问题，已成为制约智慧社区发展的重要因素。首先，智慧社区建设中存在硬件与软件设计的不平衡问题。现代社区在设计和建设过程中，往往过分强调硬件空间的美观性和功能性，而忽视了软件方面的设计。硬件空间指的是社区的建筑、设施和基础设施等物质方面的构成，而软件指的是社区的管理、服务和文化等非物质方面的内

容。这种不平衡导致社区在实际运行中管理不够规范、服务不够完善，居民需求难以满足。因此，智慧社区需要更加注重软件的设计和实施，提供适当的社区活动、社交网络和支持服务，以促进社区的联结和发展。其次，缺乏明确的可行性分析与指标体系，导致技术成果在实际应用中的落地难度增大。智慧社区的软件设计过程中，常常停留在概念层面，缺乏具体的量化分析和评估指标。虽然设计思路在概念上可能非常吸引人，但如果没有具体的量化分析和指标来评估其可行性和实施效果，软件设计的实际效果难以被明确衡量和评估。这种情况下，即使技术成果具备一定的创新性和先进性，缺乏科学评估和实际应用的指导，依然难以转化为可行的应用方案。为了克服这一障碍，智慧社区在软件设计阶段需要进行深入的研究和分析，建立一套科学的指标体系，对软件设计的目标、效果和成效进行量化分析和评估，以确保技术成果能够有效转化为实际应用。最后，跨学科团队合作机制的缺失也是技术与应用脱节的一个重要原因。硬件空间的设计往往由建筑师和设计师负责，而软件设计则涉及社区管理和服务等多个方面。由于不同专业领域的人员之间缺乏有效地沟通和合作，导致硬件空间和软件设计之间存在一定的脱节。这种跨学科合作的缺乏，使得技术成果在不同领域间难以有效整合和应用，从而增加了成果转化的难度。为了实现智慧社区的协同治理，需要建立跨学科的团队合作机制，将建筑师、设计师、社区管理者和居民等多方面的专业知识和经验融合起来，共同参与社区的设计和建设，确保技术成果能够在各个领域得到有效应用。

（二）智能化水平差异：社区建设与服务不均

在我国的智慧社区协同治理中，技术应用的推广面临诸多挑战，其中最显著的是智能化水平的差异。智慧社区旨在通过技术的广泛应用提高居民生活质量，但实际上，智能服务的普及在不同社区之间存在显著差异，这些差异不仅影响智慧社区的整体效能，也限制了其长远发展。首先，智慧社区的智能化水平差异主要源于社区自身的经济条件和基础设施。经济条件优越的社区通常能够获得更多的资金支持，这些资金不仅来自政府和房地产开发商，还可能来自社区居民自身的高消费能力。在这些社区，智能化建设往往能得到充分的保障，智能家居设备、智慧安防系统、便民服务平台等都能得到广泛应用，居民的生活便利性和安全性得到显著提升。而对于一些经济条件较差的社区，由于资金不足，这些智能化设施的建设和维护都难以为继，居民只能享受到有限的智能服务，甚至基本的智能安防都难以普及。这种经济基础的不均衡直接导致了智能化水平的差异，影响了智慧社区的全面推广。其次，不同社区居民对智能化服务的接受度和需求存在显著差异。高端社区的居民通常具备较高的教育水平和较强的接受新事物的能力，他们对智能化服务的需求也较高，愿意为高质量的智能服务付费。而一些老旧社区或低收入社区的居民，可能由于年龄较大或经济条件限制，对智能化服务的接受度较低，甚至会对新技术产生抵触情绪。这种居民需求和接受度的差异，进一步加剧了社区之间智能化水平的不均衡。最后，智慧社区建设过程中，政府和企业的主导作用和资源配置存在不均衡现象。政府对智慧社区建设的重视程度和投入力度在不同地区、不同社区有显著差异。在经济发达和重点建设区域，政府加大投入，提供更多政策支持和资金保障。而在欠发达和非重点社区，政府投入相对较少，政策支持和资金保障不足，导致社区智能化水平差异。此外，企业在智慧社区建设中的参与程度和投入力度也有差异。大型企业或技术领先企业通常选择经济条件好、市场前景广阔的社区投资建设，而中小企业或技术实力不足的企业可能只能选择资金压力小、技术要求低的社区进行有限建设，这种不均衡影响了智慧社区的智能化水平和服务质量。

（三）服务内容单一化：个性化需求覆盖不足

智慧社区的理念是通过整合各种智能技术和服务资源，为居民提供多样化的便捷服务。然而，实际建设中常见的问题是，服务内容往往倾向于单一化，未能有效覆盖居民个性化需求。这种现象的背后存在多重原因。首先，智慧社区的服务内容设计经常受制于技术标准和平台集成的复杂性。当前市场上涌现了许多智能家居产品和服务提供商，它们各自采用不同的技术标准和操作平台，例如ZigBee、Wi-Fi、蓝牙等。这些技术标准的多样化导致了不同品牌之间的互操作性不足，使得不同系统之间的无缝集成成为一种挑战，从而限制了服务内容的多样性和个性化定制。例如，某些智能家居产品只能在特定的硬件或软件环境下运行，无法与其他品牌或系统实现良好的协同配合，这进一步限制了服务内容的灵活性和个性化。其次，智慧社区在服务整合能力和执行策略方面也面临着诸多挑战。社区内部涉及的服务范围非常广泛，涵盖安防监控、环境控制、生活服务等多个方面。然而，这些服务往往由不同的供应商或管理部门独立负责，各自管理和运营的独立性较强，缺乏有效的统一管理和执行策略。这种分散的管理模式使得服务整合变得复杂和困难，常常导致服务内容停留在简单的堆砌和叠加之中，难以真正满足居民多样化、个性化的需求。最后，智慧社区在设计服务内容时未能充分考虑居民的实际需求和使用习惯，这也是导致服务单一化的重要原因之一。尽管智能技术的应用可以显著提高生活质量和便利性，但在设计阶段往往忽视了居民对多样化服务的追求和个性化使用习惯的需求。例如，某些智能设备在功能性上可能十分强大，但在用户体验和人性化设计方面存在不足，未能真正满足居民的个性化需求和使用习惯，这导致了居民对智慧社区服务的实际利用率不高的现象。

（四）技术更新缓慢：难以适应快速发展需求

当智慧社区作为新时代城市治理的重要方向时，其核心在于利用先进的技术手段，如大数据、云计算和物联网等，来实现社区服务的智能化和便捷化。这意味着社区管理和居民生活将通过科技的力量得以提升和优化。然而，在智慧社区协同治理的过程中，技术更新缓慢的问题日益显著，成为制约其快速发展的重要挑战。首先，智慧社区的建设高度依赖于先进信息技术的支持。这些技术的更新速度受多重因素影响，包括技术研发的周期、投入成本以及市场需求的波动。当这些技术的更新速度未能跟上社会发展的步伐时，智慧社区的建设将面临严重的限制，难以满足居民对更精准、高效服务的迫切需求。例如，如果云计算技术的应用和更新步伐滞后，那么智慧社区在数据处理和信息分析上的能力就会受到明显影响，无法为社区居民提供即时、有效的服务支持。其次，智慧社区的建设不仅是技术问题，更涉及管理和运营的系统性挑战。技术的更新必须与之相匹配的管理模式和运营策略紧密结合，这通常需要长期的积累和经验的积累。然而，当技术更新缓慢时，现有的管理和运营体系可能无法及时调整和适应新的技术环境，从而影响智慧社区的服务质量和效率。例如，如果新的智能服务系统不能有效地与现有的社区管理系统对接，那么这些系统的功能和效益将无法得到充分发挥，导致资源浪费和服务效率下降的问题。最后，智慧社区的建设还必须充分考虑到社区居民的需求和接受程度。技术的更新过程中，社区居民的积极参与和支持至关重要。然而，如果技术更新过于迅速或者更新的内容与居民的日常生活不相符，可能会引发居民的抗拒和不适应，进而影响到整体社区治理的稳定和效果。因此，技术的更新需要在满足快速发展需求的同时，也要考虑到社区居民的生活习惯和接受程度，这需要在实施过程中进行平衡和调整，以确保技术应用能够真正为社区居民带来实际便利和改善生活质量的效果。

三、数据隐私保护：信息安全强化与体系建设

在智慧社区协同治理的背景下，信息技术的广泛应用带来了便捷与效率的提升，但同时也引发了数据保护和隐私安全方面的挑战，对信息安全构成了隐忧。这一问题不仅关系到居民的个人隐私，还影响着社区治理的效能和信任基础。

（一）数据安全意识淡薄：居民和企业重视不够

在当前智慧社区的建设与治理过程中，数据隐私保护是核心挑战之一。特别是在信息安全强化与体系建设方面，数据安全意识的淡薄问题显得尤为突出，这既体现在居民对数据安全的忽视，也反映在企业对数据保护的不够重视。首先，居民对数据安全的意识淡薄，这在很大程度上源于对智慧社区便利性的追求。智慧社区通过集成各类智能设备和系统，为居民提供了便捷的生活方式，但这也意味着居民需要分享更多的个人信息，如生物特征、生活习惯等。许多居民在享受这些便利的同时，往往忽视了背后潜在的数据安全风险。他们可能没有意识到，一旦这些数据被未经授权的第三方获取，可能会造成严重的隐私泄露和个人安全威胁。此外，居民对于数据安全的忽视也可能源于信息不对称，他们可能不了解数据泄露的具体后果，或者缺乏足够的安全知识来判断智慧社区服务提供商的数据保护能力。其次，企业在智慧社区的数据安全体系建设中也存在重视不够的问题。随着智慧社区概念的兴起，众多企业纷纷进入这一领域，希望通过提供智慧社区解决方案来获取市场份额。然而，在激烈的市场竞争中，一些企业可能会将更多的精力放在功能的创新和成本的降低上，而忽视了数据安全的重要性。这种情况下，

企业可能会采用不够严格的数据保护措施，或者未能及时更新和升级安全系统，从而增加了数据泄露的风险。此外，企业在数据安全方面的投入不足，也可能导致缺乏专业的安全人才和先进的安全技术，进一步加剧了数据安全的风险。最后，数据安全意识的淡薄还与整个社会的数据安全文化有关。在智慧社区的建设中，不仅居民和企业需要增强数据安全意识，政府和相关监管机构也需要加强对数据安全的宣传和教育。目前，尽管已经有一些政策和规划强调了智慧社区数据安全的重要性，但在实际执行和监管中，仍然存在一定程度的不足。这种情况下，居民和企业可能无法充分认识到数据安全的重要性，从而导致了数据安全意识的淡薄。

（二）安全防护措施不足：技术与管理尚不完善

在我国智慧社区协同治理中，数据隐私保护是一个关键挑战，特别是在信息安全强化与体系建设方面，安全防护措施的不足表现得尤为明显，这既是技术问题，也是管理问题。首先，从技术层面来看，安全防护措施的不足首先体现在智能化水平的局限上。尽管现代安防技术如视频监控、入侵报警等已广泛应用于智慧社区，但这些技术在面对复杂多变的社区环境时，仍显得力不从心。例如，在城中村或转制社区，由于人员流动性大、构成复杂，传统的安防技术难以有效识别和预防安全隐患。而在商住混合社区，由于人流密集、场所功能多样化，安防技术更需具备智能化、精准化的特点，以便在众多数据中迅速识别异常。因此，智慧社区的安全防护技术亟待提升，以更好地应对各种复杂环境。其次，从管理层面来看，安全防护措施的不足还体现在社区安防力量的薄弱上。在许多社区，尤其是开放式社区，安保人员数量不足、专业素质不高，难以应对各种突发安全事件。此外，社区安防力量的组织和管理也亟待优化。例如，在城中村或转制社区，社区联防队、村委会等安保力量由于缺乏执法权和技术手段，难以有效甄别和防范可疑人员。而在物业小区，尽管有相对完善的物业和安保人员，但他们往往缺乏与公安、消防等部门的协同作战能力。因此，加强社区安防力量的组织和培训，提高其应对突发事件的能力，是提升智慧社区安全防护水平的关键。最后，安全防护措施的不足还体现在社区安防体系的协同性上。在智慧社区协同治理中，各安防要素之间的协同至关重要。然而，目前许多社区安防体系的建设仍停留在单一技术或单一部门的层面，缺乏整体规划和协同配合。例如，在物业小区，虽然各项安防技术手段较为完善，但往往缺乏与公安、消防等部门的联动，导致在处理突发事件时效率低下。而在商住混合社区，由于场所功能多样化，更需要各安防要素之间的协同配合，以便快速应对各种安全风险。因此，加强社区安防体系的协同性，实现各安防要素之间的无缝对接，是提升智慧社区安全防护水平的重要途径。

（三）隐私泄露风险增加：大数据下的保护难题

在当前的大数据时代，智慧社区作为智慧城市的重要组成部分，其建设与发展正日益受到广泛关注。然而，随着大数据技术在智慧社区中的应用不断深入，数据隐私保护问题也日益凸显，成为智慧社区协同治理面临的主要挑战之一。首先，智慧社区中信息采集范围的广泛性与深度，使得居民隐私泄露的风险显著提升。随着智能设备的普及和物联网技术的发展，社区内的人脸识别、车辆识别、行为监测等系统无时无刻不在收集居民信息。这种大规模的信息采集，在一定程度上提高了社区治理的效率，但同时也使得居民的个人隐私暴露在潜在的风险之中。这种情况的原因在于，信息采集过程中缺乏有效地监管和约束，导致个人信息保护的边界变得模糊不清。其次，智慧社区数据处理与存储环节的漏洞，加剧了隐私泄露的风险。在智慧社区的运营过程中，大量数据需要在云端进行存储和分析。然而，云平台的安全防护措施尚不完善，容易受到黑客攻击，从而导致数据泄露的风险增加。此外，数据管理人员的职业素养参差不齐，也可能导致数据在处理和存储过程中被滥用或泄露。这一现象的根本原因在于，我国智慧社区建设在数据安全防护方面的投入不足，技术和管理水平尚待提高。最后，智慧社区中各参与主体之间的数据共享机制不健全，进一步加大了隐私泄露的风险。在智慧社区协同治理的过程中，政府、企业、居民等多方主体共同参与，数据共享成为必然趋势。然而，当前的数据共享机制缺乏统一的标准和规范，导致数据在流转过程中容易失控。数据共享可能超出原定的使用范围，使得居民隐私暴露的风险增加；同时，数据共享过程中的责任划分不明确，一旦发生隐私泄露，难以追溯和问责。这些挑战凸显了智慧社区在大数据背景下面临的隐私保护难题，需要在技术创新和政策法规制定方面加以应对，以确保居民信息的安全和隐私权利的有效保护。

（四）法规制度的滞后性：监管与法律保障不足

在我国智慧社区协同治理的实践中，法规制度的滞后性成为一个突出问题。随着智慧社区的快速发展，现有的法律法规未能及时更新，导致在数据保护与隐私安全方面缺乏有效的监管框架和法律保障。首先，智慧社区的建设涉及多方面的技术应用，包括大数据、云计算、物联网等。这些技术的融合应用，需要相应的法规制度进行规范和指导。然而，目前我国在智慧社区领域的法规制度尚不完善，导致智慧社区建设过程中存在监管盲区。例如，在数据采集、存储、处理和分析等方面，缺乏明确的法律规定，使得智慧社区在数据处理过程中可能面临隐私泄露、数据安全等问题。此外，智慧社区的建设还需要各相关部门的协同配合，但由于法规制度的滞后性，部门之间的权责界定不清，协同工作效率低下，影响了智慧社区建设的整体进程。其次，智慧社区的实施策略也需要相应的法规制度作为保障。智慧社区的建设不仅需要技术创新，还需要政策引导、资金支持、人才培养等多方面的支持。然而，由于法规制度的滞后性，这些支持措施往往难以得到有效落实。例如，在资金投入方面，由于缺乏明确的法律规定，地方政府在智慧社区建设中的资金投入存在不确定性，影响了智慧社区建设的持续性和稳定性。在人才培养方面，也由于缺乏相应的法规制度，导致智慧社区领域的人才培养体系不完善，人才短缺问题突出。最后，法规制度的滞后性还导致智慧社区建设中的法律风险难以得到有效控制。在智慧社区建设过程中，可能涉及知识产权、网络安全、个人信息保护等方面的法律问题，这些问题往往难以得到妥善解决，给智慧社区建设带来了一定的法律风险。同时，智慧社区建设中的技术创新也可能触及现有的法律底线，但由于法规制度的滞后性，这些技术创新可能面临合法性的质疑，影响了智慧社区建设的创新动力。

四、居民参与促进：意识提升与数字技能普及

在智慧社区协同治理的过程中，居民的积极参与是推动社区发展、实现共建共治共享的关键因素。然而，当前存在的主要问题是居民参与意识不足以及数字技能差异，这在很大程度上影响了智慧社区协同治理的效能。

（一）居民参与意识薄弱：社区治理的主动性不足

在智慧社区协同治理的背景下，居民参与意识的不足，尤其是缺乏主动参与社区治理的意愿，已成为一个不容忽视的挑战。这一现象不仅反映了居民对社区治理的认知和态度，也揭示了社区治理模式和文化中存在的问题。首先，居民参与意识薄弱在智慧社区治

理中的主要表现是对社区治理的主动性不足。传统社区治理模式下，居民习惯于被动接受政府或物业公司的管理和服务，缺乏积极参与社区事务的意愿和动力。他们往往将社区治理视作政府或管理机构的单向服务，而非自己参与的事务。例如，对智慧社区建设中提供的智能化服务和信息化支持，居民往往持观望态度，缺乏积极参与的动机。这种被动态度直接影响了居民对社区治理的深度参与，使得社区治理无法充分反映居民的真实需求和意见。其次，居民缺乏参与社区治理的相关知识和技能，也是居民参与意识薄弱的重要表现。智慧社区治理依赖于新一代信息技术的应用，如大数据分析、智能平台操作等，这些都需要居民具备一定的数字技能和专业知识。然而，许多居民缺乏相关的教育背景或培训机会，难以掌握这些新技术和工具。因此，他们在面对智慧社区提供的技术化治理手段时，感到无从下手或者缺乏信心参与，进一步加深了他们的参与意识薄弱。最后，智慧社区治理平台的互动性和透明度不足也是居民参与意识薄弱的重要原因之一。现有的社区治理平台大多数仍然是信息发布的单向传递，缺乏有效的互动机制和参与渠道。居民既难以通过这些平台表达自己的意见和建议，也无法实时了解和参与到社区决策的过程中。这种信息的不对称性和互动机制的不足，直接影响了居民的积极性和主动性参与社区治理的能力。这些问题的根源在于传统社区治理模式下的惯性思维和体制机制约束，以及居民数字技能和参与意识的培养不足。要提升居民参与智慧社区治理的意识和能力，需要在政策引导、教育培训、平台设计等方面共同努力，以期建立更加开放和透明的参与机制，激发居民的参与动机和能力，促进智慧社区治理的民主化和智能化发展。

（二）数字技能鸿沟显著：老弱群体面临数字障碍

在智慧社区协同治理的过程中，居民参与促进所面临的挑战尤为严峻，尤其是在意识提升与数字技能普及这两个方面，老年人和弱势群体所遭遇的数字技能鸿沟问题显得尤为突出。作为智慧社区中不可或缺的一部分，老年人群由于智能技术的飞速发展，他们在适应数字化生活的道路上遇到了重重困难与挑战。首先，老年人在数字技能方面的显著障碍，主要表现在对新技术的接受程度和使用能力上。由于年龄的增长和接受新知识的心态相对保守，许多老年人对于智能设备和互联网的基础操作技能掌握不足。这种技能上的差距，直接导致了老年人在智慧社区中无法充分享受到数字化服务带来的便利，例如在线医疗咨询、电子商务等，这不仅增加了他们在日常生活中获取信息的难度，也在一定程度上剥夺了他们享受便捷服务的机会。其次，老年人所面临的数字技能鸿沟问题，还体现在技术支持和培训资源的严重不足。虽然政府和社区组织已经提出了推广数字化培训和教育服务的措施，但实际操作中，由于老年人群体的特殊性，如认知能力下降、学习动力不足等因素，他们往往难以适应现有的教育和培训模式。缺乏针对老年人设计的个性化、易于理解的教学方法和资源支持，使得老年人在数字技能的学习过程中难以取得显著的进步，这种现状无疑加剧了他们在智慧社区中的边缘化。最后，社会和文化因素在老年人数字技能鸿沟的形成中也起到了关键作用。在传统的社会观念和文化背景的影响下，老年人可能会认为学习新技术对他们来说过于复杂或者并非必要，这种观念往往会导致他们对数字化生活产生抵触情绪，持有消极态度。这种文化认知上的障碍，不仅削弱了老年人学习数字技能的意愿，也使得他们不愿意参与到数字技能的学习和实践中，从而进一步加剧了他们与智慧社区服务之间的隔阂，使得他们在数字化浪潮中越来越难以找到自己的位置。

（三）参与渠道尚不畅通：社区治理平台有待优化

在智慧社区协同治理的实践中，居民参与社区治理的渠道是否畅通，直接影响到治理的效能和居民的满意度。目前，许多社区在居民参与的平台与机制方面尚存在不足，这不仅限制了居民参与社区治理的积极性和可能性，也影响了社区治理的民主性和科学性。首先，就参与渠道尚不畅通而言，社区治理平台存在的一个显著问题是信息获取的不对称性。具体来说，居民在获取关于社区事务和决策的信息时面临着信息不全或信息不透明的情况。社区治理平台在信息发布和传递上未能做到及时、全面且透明，这导致了居民在参与决策和表达意见时的被动性和不确定感增加。例如，重要的社区会议通知可能未能及时发布，或者决策过程中的关键信息并未向居民充分公开，这些都限制了居民对社区事务的深度参与和有效表达意见的能力。其次，社区治理平台在技术支持和用户界面设计上存在的问题也是导致参与渠道不畅通的原因之一。虽然数字技术的发展为社区治理带来了新的可能性，但很多社区治理平台在设计和功能上未能充分考虑到不同居民群体的数字技能水平和使用习惯。例如，界面复杂、操作烦琐或者缺乏多语言支持等问题，使得一些居民难以有效利用这些平台参与到社区决策中来。这种技术使用的门槛不仅限制了参与者的多样性，还可能加剧了数字鸿沟的存在，使得部分社区成员在信息获取和参与决策时处于劣势地位。最后，社区治理平台在互动和反馈机制上的不足也是参与渠道不畅通的重要原因之一。有效的社区参与需要一个开放和及时的反馈机制，能够确保居民的意见得到认真倾听和及时回应。然而，现实中许多社区治理平台在这方面存在问题，可能是由于缺乏足够的人力资源或者管理机制不健全，导致居民提交的建议或反馈未能得到及时地处理和回复，从而降低了居民参与的积极性和效果。这些问题不仅影响了居民参与社区治理的效率和效果，也可能削弱了居民对社区治理的信任和满意度，进而影响到社区的整体治理效能和和谐稳定。因此，对于智慧社区协同治理而言，优化居民参与渠道，提升社区治理平台的效能和用户体验，是推动社区治理现代化和提高居民生活质量的关键。

（四）公共服务供需失衡：居民需求与供给存在差距

在智慧社区协同治理的过程中，公共服务的供需匹配问题是一个重要的挑战。尽管社区服务的供给在不断优化和提升，但居民的需求却在不断变化和增长，这导致了供需之间存在一定的差距。首先，居民对公共服务的多元化需求日益增长，但供给结构却相对单一。随着社会经济的发展，居民对教育、医疗、养老、文化、交通等公共服务的需求日益多样化和个性化。然而，公共服务供给往往侧重于满足基本需求，对个性化、小众化服务供给不足，导致供需匹配度不高。这种供需失衡不仅限制了居民对公共服务获得感的提升，也影响了智慧社区整体功能的有效发挥。其次，数字技术的快速发展与居民数字技能水平之间的差距也是导致供需失衡的一个重要原因。智慧社区的发展离不开数字技术的支持，但许多居民，尤其是中老年群体，可能面临数字技能不足的问题。这导致他们在享受智慧社区带来的便利服务时存在困难，如在线预约、远程问诊等，从而影响了对公共服务的需求满足。再者，政府、市场和社会在公共服务供给中角色定位不明确，协同机制不健全，也是造成供需失衡的重要因素。政府主导的公共服务供给往往倾向于宏观规划和资源配置，市场主导的服务则侧重于经济效益和盈利模式，而社会力量的参与则相对有限。这种角色定位不明确和协同机制不健全，导致公共服务供给无法有效满足居民需求，进一步加剧了供需失衡。最后，社区内部不同群体间的需求差异也加剧了公共服务供需的不平衡。智慧社区内不同年龄、职业、文化背景的居民群体对公共服务的期待和需求各异。然而，当前的公共服务供给往往未能充分考虑到这些差异，导致部分群体需求无法得到满足。因此，要解决智慧社区公共服务供需失衡的问题，需要从供给结构、数字技能普及、角色定位和协同机制以及不同群体需求差异等方面入手，通过综合措施，逐步缩小供需之间的差距，提升智慧社区的整体治理效能。

第五章　智慧社区协同治理的机制与策略

在智慧社区中，政府、居民、企业、社会组织等多元主体共同参与社区治理，形成了一种全新的协同共治模式。这一模式要求各主体通过数字化、网络化手段实现信息共享、资源优化与协同决策，以应对社区治理中的复杂挑战。然而，如何构建科学合理的协同治理机制，确保智慧社区高效运行、服务优化和持续发展，成为亟待解决的问题。本章将深入探讨智慧社区协同治理的机制与策略，分析多元主体参与机制、信息共享与协同机制、资源整合与联动机制以及利益协调与共赢机制，有助于全面地了解智慧社区协同治理的内涵和意义。同时，本章还将阐述智慧社区协同治理的策略选择，包括树立多元主体协同共治的理念、提高社区协同治理信息化水平、规范智慧社区网格化社会治理、促进智慧社区结构改革和深化等方面的内容。同时，探讨智慧社区建设中政府角色定位，以更好地理解政府在智慧社区建设中的角色和作用。

第一节　智慧社区协同治理的机制构建

智慧社区作为现代城市发展的高级形态，不仅仅是技术堆砌的产物，更是社会治理创新的重要实践场域。政府、居民、物业、企业和社会组织等多元主体需通过数字化手段，强化信息共享与资源整合，共同应对社区治理挑战。因此，构建科学合理的协同治理机制，是确保智慧社区高效运行、服务优化和持续发展的重要基石。

一、构建智慧社区的协同治理机制

协同治理是一种多中心、多主体的社会公共事务治理模式，基于"复杂性管理"范式，强调在复杂环境中通过多方合作实现治理目标。具体到我国城市社区的协同治理，是对当代中国政府与社会之间关系的现实写照，是党和政府与社区组织，非营利组织，特定地理范围内的单位和社区居民之间的协同。治理体系的重点是解决公共问题，创造稳定和谐的公共生活，从而最大限度地提高公共利益，协调社区的可持续发展。

社区协同治理主体参与社区治理的动机源于个人利益的需求或维护和保护公共利益的需求，也就是说利益需求是协同治理的驱动力。治理本质上是利益关系的协调。一般而言，城市社区中的合作治理运作遵循问题呈现，利益分配，参与动员和民主协商四个步骤。找出社区治理的关键问题，让所有治理主体共同面对、应对和解决这些问题，是协同治理的核心目标。所有治理主体建立常态化和规范化的沟通机制，并为社区问题设定治理目标。政府通过鼓励、指导、支持和协助，在人员、财政、事务、政策等方面赋予其他治理实体（例如：社会组织）权力。社会组织收集舆论，反映舆论并及时与政府沟通，建立多元化和共同治理的社区治理模型。在社区治理运作过程中，可以依靠社区论坛，讲座等媒体，发挥社区各类人才的各种才能，集思广益，调动居民承担更多责任的积极性，并继续参与公共事务。在社区民主协商的参与机制下，每个居民都有表达自己利益的机会，社会组织可以参与民主政治，表达有关集体和组织的利益，形成利益整合，和谐有序的局面。

研究基于协同治理理论的特点和内涵，从公共政策理论的逻辑视角出发，以"智慧社区协同治理动力→智慧社区协同治理过程→

智慧社区协同治理绩效"为轴心，构建了我国智慧社区的协同治理运行机制（见图 5-1）。在智慧社区的协同治理框架中，参与智慧社区治理的多个主体（政府、社区自治组织、社会组织、企业和居民）相互信任，信息共享机制畅通，自治权力运行正常，从而构成了智慧社区的协同治理驱动力。在居民对社区公共产品或服务需求的基础上以及智慧社区协同治理的动力驱动下，各主体间相互协作、积极参与。通过智慧社区综合信息服务平台，完成多元主体资源的优势整合，确定适合自身发展需要的协同治理模式，并执行协同治理方案，然后通过"互联网＋"第三方评估和监督机构评估和反馈实施效果，从而达到社区治理的预期目标，如果未达到预期的治理目标，请返回在路径的开头重新开始新一轮的协同治理。通过良性循环治理路径的运作，最终实现智慧社区协同治理的预期效果，提高社区协同治理的绩效。

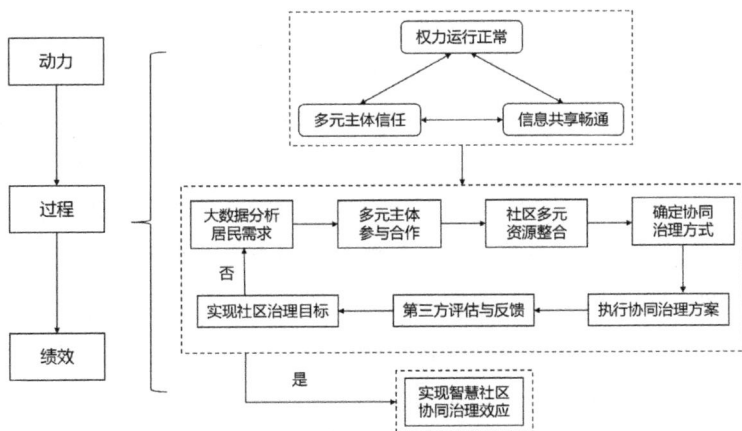

图 5-1 智慧社区的协同治理机制

二、智慧社区协同治理的具体机制

智慧社区协同治理机制是一个多方面、多层次、多环节的系统工程，它包括多元主体参与机制、信息共享与协同机制、资源整合与联动机制以及利益协调与共赢机制。这些机制相互作用、相互支持，共同推动智慧社区的协同治理。

（一）多元主体参与机制

多元主体参与机制是智慧社区协同治理的核心，其强调政府、居民、企业、社会组织以及物业等多元主体在社区治理中的平等参与和有效协同。这一机制旨在打破传统治理结构中的单向度和层级化，转而构建一个多方互动、权责共担、资源共享的治理生态系统。一方面，多元主体参与机制增强了社区治理的包容性和响应度，确保了居民需求能够直接反馈至治理决策过程，提升了公共服务的精准度和满意度。例如，深圳南山区通过"一核多元"模式，即以政府为核心，多元主体共同参与，成功实现了社区治理的精细化和个性化服务，居民通过社区 App 即可参与到社区公共事务讨论和问题反馈中，这种即时互动极大提高了居民的参与感和问题解决效率。另一方面，多元主体参与机制通过整合资源，实现了治理效能的优化。企业与社会组织等非政府主体以其特有的资源和技术优势参与到社区服务供给中，如智慧停车、智能家居、远程医疗等服务的引入，不仅丰富了社区服务内容，也减轻了政府负担，实现了治理成本的分担与效率的提升。成都成华区的"五朵金花"项目，便是企业与社区合作，利用数字技术提升社区环境美化和文化活动质量的典范。

建立多元主体参与机制，首要在于确立清晰的治理架构和权责边界。政府需发挥引导作用，制定参与规则，明确各主体的权利与义务，确保公平参与。其次，建立开放的信息共享平台是基础，利用大数据、云计算等技术手段，打通信息壁垒，确保治理信息的透明与对称。例如，合肥包河区的"产业化运作＋平台支撑"模式就是一个实例，通过综合信息服务平台，实现了治理资源的有效整合与高效配置。再者，强化能力建设与激励机制同样重要。对居民进行数字技能的培训，提升其参与社区治理的技术能力，同时，通过激励措施如荣誉表彰、积分兑换等，激发各主体参与的积极性。例如，徐州鼓楼区的"多元共融"模式通过举办社区治理创新大赛，鼓励居民提出治理新思路，培养居民的参与意识，并推动治理创新。最后，持续的评估与反馈机制不可或缺。通过第三方评估和居民满意度调查，及时调整治理策略，确保治理成效符合居民期望，形成治理闭环。智慧社区的协同治理是一个动态优化过程，多元主体参与机制的有效运行依赖于不断地调试与改进，最终形成一个既能响应居民需求，又能持续进化的智慧社区治理新生态。

（二）信息共享与协同机制

信息共享与协同机制作为智慧社区协同治理的基础，旨在通过搭建统一的信息平台，实现社区治理中的数据流通、资源共享与决策协同，从而提升治理效率和居民满意度。在这一机制下，社区内的政府、居民、企业、社会组织等多元主体能够基于准确、及时的信息共享，进行有效沟通与协作，共同应对社区治理挑战。首先，该机制解决了传统治理模式下信息割裂与不对称问题，提升了社区治理的透明度。例如，通过智慧社区综合信息服务平台，成都的清水河小区实现了物业报修、社区活动、公共安全信息的实时发布与居民反馈，大幅缩短了信息传递链条，提升了治理响应速度。其次，该机制促进了资源的优化配置，基于数据分析的决策支持系统能够精准识别社区需求，合理调配公共资源。比如，合肥的望江东社区通过分析居民健康数据，针对性地引入了智慧医疗项目，提高了服务的个性化水平。最后，它还增强了居民的参与感和凝聚力，信息的透明流通让居民能够实时了解社区动态，通过线上反馈参与决策，如杭州的西湖区社区进行的在线意见征集，有效提升了居民对社区事务的参与度。

建立信息共享与协同机制，一是构建技术支撑平台，采用云计算、大数据等技术，确保平台具有高效数据处理能力、安全防护及友好交互界面，如南京市鼓楼区社区智慧平台，通过集成各类数据，实现了多终端访问与信息的统一管理。二是完善信息管理政策，明确信息分类、权限与保护规则，确保开放性与隐私安全并重，如同济大学社区通过实施数据分类分级，有效平衡了信息共享与隐私保护。三是强化数据分析能力，利用专业工具深度挖掘信息价值，提供决策依据，如上海的陆家嘴智慧社区通过 AI 算法分析居民出行模式，优化了交通资源配置。四是建立多元化信息传播渠道，如社区 App、电子显示屏等，满足不同用户需求，保证信息的广泛触达。

（三）资源整合与联动机制

资源整合与联动机制是智慧社区高效运行的关键，旨在通过优化配置社区内部的资源，包括人力资源、物力资源、财力资源等，以及外部合作资源，促进政府、企业、社会组织和居民等多元主体间的高效协同，实现资源的集约利用和效益最大化。此机制对于提升治理效能、降低成本、增强社区服务供给能力、促进社区可持续发展具有重要意义。一是促进资源的高效整合，避免重复投资与浪费。例如，深圳市福田区通过智慧社区平台整合了社区监控、物业管理、公共照明等多个系统，不仅节约了建设成本，还提高了设施的综合使用效率。二是优化服务供给，根据居民需求快速响应与调整。如杭州西湖区智慧社区通过数据分析发现老年居民增多，随即联动社区养老服务中心、医疗机构和志愿者团队，快速增设适老化改造和健康管理服务。三是实现利益共享，促进社区治理的公平正义。通过资源的合理分配，确保不同群体都能从智慧社区建设中受益，如成都高新区智慧社区利用政府补助与社会资本合作，共同建设智慧图书馆，既减轻了政府负担，又丰富了社区文化生活。

建立资源整合与联动机制，首先，需构建统一的规划与协调机制，明确各方职责与资源贡献方式，如通过政策引导，鼓励企业以投资、技术等形式参与社区建设，形成公私合作模式。其次，建立信息共享平台，作为资源整合与联动的中枢，确保数据流通与决策透明，如广州海珠区的智慧社区利用云平台，实现了数据的实时更新与多主体共享，促进了治理的高效协同。再次，实施灵活的资源配置策略，根据社区实际情况与居民需求动态调整资源流向，如苏州工业园区通过智能分析系统，动态调度社区停车场资源，缓解了高峰期拥堵。最后，强化监督与评估机制，确保资源使用的合理性与效率，如北京海淀区智慧社区设立第三方评估小组，定期对项目进行绩效考核，确保资源有效利用。

（四）利益协调与共赢机制

利益协调与共赢机制是维持社区和谐稳定的重要保障，旨在平衡社区治理中的多元利益主体，包括政府、企业、社会组织、居民等，通过有效沟通与合作，实现社区资源的合理配置与利益共享，促进社区的和谐发展。这一机制的实践，不仅涉及利益分配的公平性，更深层次地，它要求构建一种共赢的社区治理模式，使得各参与方在贡献与收获中找到平衡，共同推动社区的智慧化进程。以杭州市下城区的智慧社区建设为例，该区实施了一项名为"智慧社区治理伙伴计划"，其重心在于构建了一个多方利益协调平台，通过定期的圆桌会议，政府、企业、物业、居民代表共同参与，就社区智慧化进程中遇到的资源分配、项目优先级、利益影响等问题进行协商。具体实践中，通过引入第三方评估机构，确保了各方投入与收益透明，如在智慧停车系统改造项目中，通过数据共享与收益分成模式，既解决了居民停车难问题，也使参与投资的停车管理公司获得了合理回报，同时政府在税收与社区治理效率上亦获益，实现了三赢局面。

建立利益协调与共赢机制，首先，需明确治理架构与角色分工，政府作为协调者需制定政策框架，明确利益分配原则，如广州市海珠区的智慧社区治理方案，通过政策指引，确保企业参与的合法性与居民利益不受损。其次，构建信息共享平台，实现数据驱动的决策支持，如南京市建邺区利用大数据平台，精准识别社区需求，合理引导企业服务供给，避免资源错配。再者，强化参与机制，确保居民声音被听见，如成都市锦江区的社区议事会，通过居民提案制度，使居民直接参与项目决策，保障其利益。最后，建立利益反馈与调节机制，如苏州工业园的社区调解委员会，处理因智慧化进程中产生的利益纠纷，确保治理过程中的公平正义。

第二节　智慧社区协同治理的策略选择

智慧社区作为现代城市治理的微观缩影，其协同治理不仅关乎技术的深度融合与应用，更触及多元主体间的互动与合作机制，以及治理体系与治理能力的现代化建设。随着信息技术的飞速发展与社会结构的日益复杂，智慧社区的协同治理不再局限于传统行政命令的单一模式，而是迈向一个融合政府、市场、社会多元力量，以及居民广泛参与的共治新阶段。这一过程中，如何科学合理地设计协同机制，确保各主体间信息畅通、职责明确、行动协同，成为提升治理效能的关键所在。因此，智慧社区协同治理策略选择的探讨，实质上是对智慧社区治理理念的深化、结构的优化、信息化水平的提升、网格化管理的规范、社区结构改革的促进，以及人才队伍建设与政府角色定位的重新审视。

一、树立多元主体协同共治的理念

（一）加强社区协同共治理念

任何理论创新和政策制定的最终实践都应在微观基础条件下找到相应的可行要素，而此类可行要素的产生首先需要这种理论意识。正如皮埃尔·卡蓝默所言："人们的所思所想，即他们的态度、观点和看法，都会左右他们的所作所为"①，因此，在构建智慧社区的过程中，培育多元主体间的协同共治理念显得尤为重要。这要求从政府、居民、社会组织等不同主体的思维模式和价值取向上着手，通过理念的革新与共识的形成，为智慧社区的协同治理奠定坚实的思想基础。第一，政府层面应从"管控"转向"赋能"。长期以来，政府作为社会治理的主要力量，往往习惯于直接管理和控制，但在智慧社区的框架下，政府的角色应当转变为规则制定者、平台搭建者和服务支持者。这就需要政府官员转变思维，认识到让渡部分治理权力给社会和市场的必要性，通过制定合理的政策与法规，为社区自治创造空间，激励社会力量和市场机制参与到社区治理中来，形成政府、市场、社会三者间的良性互动。第二，激发社区居民的主体意识和参与热情。社区居民是智慧社区建设的直接受益者，同时也是治理的主体。提升居民的参与度，关键在于培养其"社区是我家"的主人翁意识，让居民意识到自己在社区治理中的重要作用。

---

① ［法］皮埃尔·卡蓝默.破碎的民主试论治理的革命［M］.高凌译，上海：三联书店，2005:122.

这可以通过举办居民大会、意见征询、社区志愿服务等形式，让居民在参与中感受到自己的声音被听见，权利被尊重，从而激发其参与社区治理的积极性和创造性。第三，发展和壮大社区社会组织，使之成为协同治理的重要力量。社区社会组织，如业主委员会、志愿者团体、兴趣小组等，是连接政府与居民的桥梁，也是实现社区内部多元共治的关键。政府和社会应共同努力，为这些组织提供必要的资源和政策支持，帮助其成长，使其能够在社区服务、矛盾调解、文化活动等方面发挥积极作用，促进社区内部的自我管理和自我服务。第四，利用智慧技术手段强化协同共治的实现路径。智慧社区的建设为协同共治提供了技术支撑，通过大数据分析、云计算、物联网等技术，可以更高效地整合资源，优化服务流程，增强信息的透明度与居民的参与便利性。例如，开发社区治理 App，让居民能够轻松反馈问题、参与决策，同时便于政府和社区组织实时掌握社区动态，快速响应居民需求。

（二）理顺多元协同治理结构

在智慧社区协同治理的过程下，构建一个高效有序的多元协同治理结构是实现社区治理现代化的关键所在。面对治理主体多元、目标各异、方法不一的复杂情况，理顺治理结构，明确协同机制，是破解治理难题、提升治理效能的首要任务。第一，确立核心引领机制，以社区党委为核心，发挥其在智慧社区协同治理中的领导与协调作用。社区党委不仅应当是政策传达与执行的桥头堡，更要成为资源整合与协调的指挥中枢，通过制定统一的协同治理规划，引导物业公司、居民委员会、社会组织等多元主体协同配合，形成治理合力。社区党委应定期召开联席会议，听取各方意见，协调解决治理过程中的矛盾与冲突，确保治理行动的一致性和高效性。第二，明确各主体角色定位，实现优势互补。社区工作人员作为社区治理的前线力量，应充分利用其对社区情况的熟悉度，承担起智慧化资源分配与基础服务执行的重任，成为智慧社区建设的"执行者"与"服务者"。而社会组织与协会，因其贴近居民生活、了解特定群体需求的特点，可专注于提供特色服务和活动，满足居民多元化、个性化的需求，成为社区服务的"补充者"与"创新者"。通过这样的分工合作，既保证了基础服务的标准化和高质量，又促进了服务的多样化和个性化，提升了居民的满意度和参与度。第三，充分利用移动互联网技术，构建信息共享平台，实现治理信息的透明化与及时传递。智慧社区应建立统一的信息数据库，各协同主体在此平台上共享资源、交流信息、协同作业，实现工作流程的无缝对接和任务的透明化管理。通过技术手段细化工作内容，明确责任主体，确保每一项治理任务都有人负责、有人跟进，每一项服务需求都能得到及时响应和妥善处理。第四，实施差异化治理策略，根据各主体的优势特长，进行任务的合理分配。例如，利用物业公司在物业管理上的专业能力，强化社区环境维护与设施管理；依托志愿者团体的热心与灵活性，开展邻里互助与社区文化活动。通过因材施教式的资源配置，最大化发挥各主体效能，促进社区治理结构的优化与改革，提升智慧社区的整体治理能力。

二、提高社区协同治理信息化水平

（一）深化应用实现技术融合

在智慧社区协同治理的深入实践中，技术融合不仅是一种策略，更是推动社区治理模式根本性变革的动力。面对日新月异的新一代信息技术，社区应当在确保安全可控的前提下，主动出击，深度融合人工智能、大数据、云计算、物联网等前沿技术，推动传统信息化向数字化、智能化转型升级，为社区治理与服务插上智慧的翅膀。

深化技术融合的应用，首先体现在对社区治理各个环节的智能化改造上。比如，通过物联网技术连接社区的各类设施，实现对环境、安全、交通等领域的智能监控与管理；利用大数据分析精准捕捉居民需求，优化资源配置，提供个性化服务；借助云计算平台，整合社区内外部数据资源，实现信息的高效共享与决策支持，为社区治理提供科学依据。这些技术的深度融合，旨在构建一个反应迅速、服务精准、管理高效的智慧社区应用体系，为居民创造更加舒适便捷的生活环境。第二，要注重构建全社区范围内统一的决策分析支持系统。这意味着打破信息孤岛，实现数据在政府、企业、民众等多主体间的自由流动与共享，通过集成分析，为社区治理决策提供全面、实时的支撑。比如，政府可以根据数据分析结果，精准投放公共服务资源；企业能够根据居民需求变化，灵活调整服务策略；居民也能通过数据反馈，参与社区治理，提出改进建议，形成良性互动。第三，在此基础上，要清晰界定政府、企业、民众在智慧社区建设中的角色定位与价值贡献，构建互信互利的伙伴关系。政府应发挥主导作用，制定政策引导，营造良好的发展环境；企业作为技术与服务的提供者，应积极创新，满足社区智能化需求；居民则是智慧社区的最终受益者与参与者，通过反馈与参与，推动社区治理的持续优化。三者间的关系如同一座桥梁，沟通着智慧社区的各个角落，共同推动社区治理向更高水平发展。第四，要深度开发利用社区数据价值，不仅用于提升服务效率，还要着眼于长远，促进社区的可持续发展。数据驱动的决策可以更精准地预测社区发展趋势，合理规划社区未来，比如在环境保护、资源节约、老龄化应对等方面做出前瞻布局，确保社区发展的连续性。

（二）硬件支撑完善技术保障

在智慧社区的构建中，硬件支撑体系的完善和技术保障能力的提升，是实现社区智慧化转型的基石。政府部门在此过程中扮演着至关重要的角色，需要通过积极的政策引导和资源配置，推动社区基础设施的现代化升级，为智慧社区的全面发展奠定坚实的基础。第一，宽带网络的建设与升级是智慧社区的血脉。随着数字时代的飞速发展，光纤到户已成为衡量社区信息化水平的基本标准。政府部门应当积极推动光纤网络的普及与提速，确保每家每户都能享受到高速、稳定的网络服务。同时，5G网络的全面覆盖更是不容忽视，这不仅关乎居民日常生活的便捷通信，更是支持物联网、智能家居等前沿技术应用落地的关键。通过优化网络基础设施，可确保数据传输的高效与安全，为智慧社区的多元化服务提供强有力的技术支撑。第二，物联网技术的发展与应用是智慧社区的一大亮点。政府部门应鼓励和支持企业研发创新，提升云计算设备、传感器、数据处理中心等物联网核心设备的性能与竞争力，促进物联网技术在社区环境监测、智能安防、智能停车、智能家居等领域的广泛应用。通过物联网技术，社区能够实现对各类设施的实时监控与智能管理，提升资源使用效率，增强居民生活的舒适度与安全性。第三，硬件设施的完善还需关注能源供应的智能化改造，如推广太阳能、风能等清洁能源的应用，以及智能电网的建设，以实现能源使用的高效与环保。同时，智能垃圾分类回收系统的部署，不仅能有效促进资源循环利用，还能提升居民的环保意识。第四，为了确保硬件设施的高效运行和智慧服务的持续创新，建立一套完善的维护与更新机制同样重要。这包括定期的硬件检查、软件升级、故障快速响应与修复等，确保技术设施始终保持最佳状态，满足居民日益增长的智慧化服务需求。

（三）信息共享引领政务协同

建立一个 CIM（City Information Modeling，城市信息模型）时

空信息云平台。其核心功能模块包括 BIM 引擎，3DGIS 引擎，时空大数据引擎以及业务集成和数据服务平台。CIM 平台可以满足智慧社区建设中各部门之间资源共享的要求，并为精细化管理提供数据支持。该系统需要整合地理信息数据，管道网络数据，城市空间信息数据，城市地下空间数据，实际人口数据，法人证书数据和物联网节点数据的分类、整合和聚合后，可以实现各个部门之间的互联互通、资源整合、资源更新和信息共享。促进社区到城市一级之间的共享和协作，以满足社区各个管理部门之间收集和处理办公室信息，查看动态和静态数据以及共享的需求。CIM 平台具有各个部门之间的时空数据交互流，并且负责人需要照片批准。实时记录办公室操作，查看官方文档处理状态等，以实现时空信息的精细管理，并协助科学决策中的社区治理。

三、规范智慧社区网格化社会治理

（一）完善网格化治理法律保障机制

在智慧社区的建设与协同治理进程中，网格化治理模式的引入无疑为社区管理带来了革命性的变化，它不仅强化了管理的精细化与高效性，也促进了社区服务的个性化与精准化。然而，这一模式的成功实施，离不开一套健全且适应新时代需求的法律保障机制。智慧社区的网格化治理，不仅仅是物理空间的细分和管理技术的智能化，更是对社区治理理念、治理结构与治理方式的根本性重塑，要求在法治框架下实现治理能力的现代化升级。第一，法律体系的完善应聚焦于明确网格化治理的法律地位和权限边界。这意味着，法律不仅要为网格化治理提供合法性基础，还需详细规定各级网格的职责范围、权利义务、信息共享机制以及决策与执行流程，确保网格化治理既不越界干预居民生活，又能有效履行治理职能。通过立法明确网格管理员的身份、选拔标准、培训要求及其在数据采集、处理、应用中的法律责任，为网格化治理的规范化操作提供法律依据。第二，法律保障机制的构建应注重个人信息保护与数据安全。智慧社区的网格化治理依赖于大数据的收集、分析与应用，因此，建立健全数据保护法律法规，确保居民隐私不被侵犯，是构建信任、促进社区和谐的重要前提。法律应明确规定数据收集的最小必要原则、数据主体的知情同意权、数据使用的限制条件以及数据泄露后的应急响应与责任追究机制，为智慧社区的数字化治理加上一道安全锁。第三，强化法治监督与公众参与机制是提升网格化治理透明度和公信力的关键。应通过法律明确公众参与社区治理的渠道与方式，如设立社区议事会、公开听证、线上反馈平台等，保障居民在网格化治理中的知情权、参与权与监督权。同时，建立健全第三方评估与审计机制，对网格化治理的效能与合规性进行定期审查，确保治理过程的公正与高效。第四，构建适应智慧社区发展需求的动态法律调整机制。伴随技术进步与社区治理实践的深入，法律保障体系也应保持足够的灵活性与前瞻性，及时回应新出现的法律问题与挑战，确保法治与社会治理创新同步发展。

（二）引导社会组织参与网格化治理

2017 年《民政部关于大力培育发展社区社会组织的意见》的发布，不仅强调了社会组织在社区治理中的核心作用，更明确了其作为治理主体的法律地位与功能保障，为社会组织的依法治理、民主决策和自主运作奠定了坚实的政策基础。实现社会组织有效参与网格化治理，首要任务在于政府自身的转型与革新。政府应当从传统的管理者角色转变为服务与支持者的角色，通过观念更新和职能调整，为社区社会组织的培育和发展创造更为宽松的外部环境。这包括提供政策扶持、资金支持、场地设施等多方面的资源，以及简化注册流程、优化监管方式，降低社会组织的准入门槛和运营成本，为其成长营造肥沃土壤。在这一过程中，政府与社区社会组织的关系应当是协同合作而非简单地管理与被管理。政府应视社会组织为合作伙伴，通过建立伙伴式关系，实现治理资源的优化配置和效能提升。政府将更多社会公共事务的管理权限下放给社区社会组织，不仅能够缓解政府的治理压力，集中精力处理更为宏观与战略性的事务，还能促进社会组织的能力建设，提升其在社区服务中的角色和影响力，实现双赢局面。社会组织的参与和再造，应遵循科学合理的路径。借鉴企业界的绩效管理机制，引入目标设定、绩效评估、激励与反馈等机制，能够有效提升社会组织的运行效率与服务质量。同时，鼓励社会组织内部创新，探索适合社区特点的服务模式和项目，增强其自我造血能力，形成可持续发展的动力机制。此外，强化社会组织间的网络化协作也是提升网格化治理效能的重要途径。通过建立社会组织联盟、资源共享平台，促进不同组织间的交流合作，实现信息互通、资源共享、项目联动，可以更有效地应对社区多样化的服务需求，提升整体治理的灵活性和响应速度。

四、促进智慧社区结构改革和深化

智慧社区的建设和治理，单靠政府单打独斗是无法实现的，必须有多强的社会组织和具有参与自治意识的社区居民，在社区党工委的领导下，规范有序地进行智慧社区的建设和开展各类活动，他们是实施以人为本、政府主导、社区自治、细化管理、明确主体等治理方针。基本原则得以实现的必不可少的要素，社会组织运用"智慧"手段，线上线下多措并举，开拓居民自治空间，协同治理，实现社会善治。

（一）明确下放权力到社区

在智慧社区协同治理的框架下，明确并下放权力至社区层面，是推动社区治理现代化、实现"服务型"政府转变的关键步骤。这一转变要求在法律和政策层面进行深度优化与明确界定，旨在构建一个职责清晰、权力明确、协同高效的社区治理新体系。首先，法律法规的完善是基础。应当对现有的法律法规进行梳理与修订，确保在智慧社区治理中，各职能部门、街道办事处及社区的具体职责和义务得到精确划分。这包括但不限于：明确社区工作人员在提供公共服务、促进社区发展、维护社区秩序等方面的具体服务内容和责任边界；制定详细的社区治理工作指南，确保每位社区工作者对其职责范围有清晰的认识，从而提升工作效率和服务质量。其次，明确界定政府与社区的角色，是确保智慧社区有效运行的核心。政府应从传统的"指挥者"转变为"服务提供者"与"监管者"，专注于宏观指导、政策制定、资源配置与监督评估，而社区则应成为居民自我管理、自我服务的主阵地，拥有更大的自治权限。这意味着，要通过立法或政策调整，切实减轻社区承担的非必要行政负担，避免行政指令的过度下沉，确保社区能够集中精力于居民服务、社区发展和公共事务管理，真正体现社区自治的本意。

为此，需要建立一套科学合理的权力下放与监管机制，确保权力下放的同时，社区的治理活动得到有效监督和指导，防止权力滥用或管理真空。这包括建立上下级之间的信息共享平台，实现数据的实时交互与透明管理，以及设置社区治理成效的评估体系，定期进行绩效评价，以此作为调整政策、优化资源配置的依据。此外，鼓励和支持社区创新，是激活社区自治潜能的重要途径。应给予社区一定的自主探索空间，允许其在法律法规允许范围内，根据社区实际情况尝试新的治理模式、服务方式和技术应用，如利用大数据分析居民需求、开展智慧养老、智慧安防等项目，以满足居民多样化、个性化的服务需求。

（二）重视发挥市场化力量

重视发挥市场化力量，不仅是为了激活社区治理的内在活力，更是为了构建一个多元主体共同参与、共享共治的生态系统。这要求政府与社会各界紧密合作，打破传统治理模式的局限，创新合作机制，通过一系列具体策略，充分调动市场和社会组织的积极性，共同推动社区治理的现代化进程。第一，政府应当积极引导和促进社区内的社会组织开放其资源，鼓励它们参与到社区建设与服务项目中来。这意味着，政府可以提供政策支持和财政激励，如税收优惠、项目补贴等，鼓励企业、非营利组织和民间团体投资或捐赠于社区公共设施改善、智慧化改造项目，如智能安防、环保绿化、健康养老服务等，形成政府与社会资源的有效整合与共建合力。第二，增强对社会资金的吸引力，是打造共建共享共管社区的关键。政府可以通过设立社区发展基金、众筹平台或者引入社会资本参与社区公共服务项目 PPP 模式（公私合作），为社区的智慧化升级和长期运营提供稳定的资金来源。同时，确保资金使用的透明度，建立完善的监督机制，让投资者和社会公众看到投资的正面效益，进一步激发市场参与热情。第三，加大对青年志愿者队伍的宣传和招募力度，是壮大社区服务力量的有效途径。智慧社区建设不仅需要技术与资金，更需要人才的投入。政府和社区组织应利用社交媒体、高校合作、社区活动等多种渠道，宣传智慧社区建设的意义与志愿者参与的价值，吸引有志青年加入，为社区治理注入新鲜血液，同时，为青年提供社会实践和技能提升的平台，实现个人成长与社区发展的双赢。第四，构建与网格化信息平台相融合的社区服务平台，是提升居民参与度的关键技术支撑。这一平台应当具备信息共享、服务预约、意见征集、活动报名等功能，使居民能够便捷地获取社区资讯、参与社区事务讨论、反馈意见，甚至参与社区服务的设计与监督，真正实现居民的"指尖上"的参与感和获得感，从而提高其参与社会管理的积极性和主动性。

（三）完善评估与监督机制

在智慧社区协同治理的深化探索中，构建一个高效、透明的评估与监督机制是确保治理质量、激发社区活力的重要保障。第一，智慧社区现有的评估与监督机制需要不断完善，以适应社区治理的新形势和新要求。通过普及相关知识，增加社区居民线上线下学习的机会，可以有效提升居民的相关素养，改善居民参与社区建设与治理工作的能力水平参差不齐的状况。这不仅有助于提高社区居民参与自治的比例，还能促进社区治理的公平性和效率。第二，利用现代信息技术手段，如电脑、智能手机以及其他通信设备，结合网上论坛、各类App、微信公众号等平台，可以实现社区与外界社会的有效沟通。通过这些渠道，将社区工作计划、文化宣传中存在的问题，以及居民对于社区工作的意见与建议公之于众，打破信息孤岛，让每个人都能参与到社区治理的监督与评估中来。同时，引入外界的成功案例，促进社区间的交流与合作，让居民能够提出自己的建议和方案，共同推动社区治理的创新与发展。第三，完善评估与监督机制的法律法规是确保社区治理长效机制的重要保障。制定相应的规章制度，明确评估标准、评估方法、第三方评估机构的准入门槛、激励及惩罚原则等，可以确保第三方监督与评估机制在社区治理创新和治理绩效工作中持久发展。有秩序的组织结构和完善的规章制度，将为社区居民提供更好的服务，推动社区治理向更高水平迈进。

（四）强化人才队伍的建设

一方面，培养社区工作复合型人才。在智慧社区协同治理的过程中，强化人才队伍的建设不仅是基础工程，更是推动社区智能化、人性化发展的关键。智慧社区不仅是技术革新的象征，更是社会治理模式转型的前沿阵地，它要求不仅要关注"硬件"的智能化升级，更要聚焦"软件"——即人才团队的复合型与创新性培养。首要任务是构建"以人为本"的智慧社区人才生态系统。这意味着社区工作者不仅应具备扎实的专业技能，更需拥有跨领域的知识整合能力，能够灵活应对社区智能化进程中出现的新挑战。通过定期举办智慧社区管理、大数据分析、人工智能应用等专题培训，以及鼓励在职学习与国际交流，我们旨在打造一支既懂技术又懂民生，既能创新又能落地的复合型人才队伍。这样的队伍能够更加精准地把握居民需求，有效引导和促进居民对智慧社区建设的理解与支持，确保技术进步与人文关怀并行不悖。第二，积极构建开放包容的志愿者参与机制是强化智慧社区协同治理的另一重要维度。智慧社区的长远发展离不开每一位居民的参与和贡献。通过设立志愿者服务平台，利用线上线下相结合的方式，开展丰富多彩的培训课程与实践活动，如智慧助老、环保宣传、数字技能培训等，不仅能激发居民的参与热情，还能增进邻里间的联系，形成共建共治共享的良好氛围。同时，建立完善的志愿者激励机制和评价体系，确保他们的付出得到认可，进一步巩固志愿者与社区社会组织之间的紧密合作，促进双方资源的有效整合与高效利用。第三，注重人才梯队建设，建立健全从选拔、培养到使用的全链条管理体系。智慧社区需要的不仅仅是当前的人才匹配，更要有前瞻性的规划，为未来的社区治理和服务模式变革储备人才。这包括与高校、研究机构建立战略合作，开设智慧社区管理相关专业或课程，吸引和培育青年学子投身于这一新兴领域，为智慧社区的发展注入源源不断的新生力量。

另一方面，培育社区社会组织"领袖"。培育智慧社区社会组织的领军人才，在智慧社区协同治理的宏伟愿景下，培育社区社会组织的"领袖"角色，成为推动社区向智能化、高效化转型的关键一环。这一过程不仅关乎于个体能力的提升，更是整个社区治理结构优化与创新的体现。领军人才的培养，旨在通过系统性的教育和实践锻炼，增强其在复杂社区环境中的政治敏锐性与专业执行力，使他们能够准确把握国家治理方针政策的精神实质，并运用现代科技手段，如大数据、人工智能等，将其转化为社区治理的实际行动和解决方案。这不仅促进了政策的"最后一公里"落地，还极大提升了社区服务的智能化水平与响应速度。尤为重要的是，这些社区社会组织的"领袖"们扮演着桥梁的角色，他们能够有效地协调上级党政部门与基层社区的关系，确保政策指导与社区实际需求的无缝对接。通过组织多样化的活动与项目，如数字技能培训班、智慧养老体验日等，他们不仅将国家的治理理念以贴近居民生活的方式传播，还激发了社会各界对智慧社区建设的关注与支持，为社区筹取必要的资金与资源，形成了政府、市场与社会三方协同推进的良好局面。

在此基础上，构建一个以社区委员会与社会团体为核心的互动网络，显得尤为关键。社区委员会作为日常服务的直接提供者，保证了居民基本需求的满足；而社会团体则通过广泛的宣传与动员，增强了社区内外的联系，拓宽了资源获取渠道。这种分工合作的模式，不仅提升了服务效率，还促进了社区文化的繁荣与居民参与意识的觉醒，共同塑造了一个既充满科技便利又不失人文温度的智慧社区环境。对于那些在社区组织建设中脱颖而出的领军人才和勤奋工作的社区人员，应给予充分的认可与激励。这包括但不限于将其纳入后备干部队伍的优先考虑范围，提供更广阔的事业发展平台；

同时，鼓励社区其他积极参与者加入第三方评估组，作为专家库成员，他们的声音和建议将直接影响社区治理的改进方向，而相应的物质与精神奖励，则是对他们贡献最直接的肯定。通过这样一套立体化、激励性的机制，智慧社区不仅能够汇聚各方智慧与力量，更能够在协同治理的道路上行稳致远，共创更加和谐美好的未来。

五、智慧社区建设中政府角色定位

在智慧社区的建设与发展过程中，总体建设思路强调政府的引导作用和多方参与的重要性。然而，在实际建设过程中，由于多种因素的影响，政府的角色逐渐从引导者转变为主导者。政府因其独特的权力和资源，在智慧社区的建设中扮演着不可或缺的角色。然而，政府过度介入可能会导致后续管理中的低效，责任不清等问题。社区的本质是居民自治的体现，因此在智慧社区的建设中，政府应适度放权并加强监管，以有效避免潜在问题，确保建设取得良好的效果。

（一）统一规划的指导者

智慧社区的建设应设定明确且可行的战略目标，完成相应的顶层设计，完善相关的法律法规，合理规划未来的发展方向，并重视基础性工作的开展。然而，目前涉及智慧社区建设的相关政策指导体系尚未得到完善，影响了其发展进程。首先，部署与规划尚未统一。在智慧社区的建设与发展中，需要以人本化理念为基础，以居民的实际生活需求为出发点，综合考虑外部因素的干扰以及居民的实际需求，制定科学合理的发展战略。然而，在实际操作中，相关部门过于注重基础设施的配套建设，忽视了空间建设和外部设施建设，未能实现内外的有机结合，严重影响了社区的智慧化建设进程。其次，社区规划模式不合理。根据智慧社区现阶段的建设情况分析，相关部门在设计社区规划模式时，忽视了实际情况，对国外的先进模式照搬照抄，只学其形未学其神，最终导致缺乏配套的法律法规，拖慢了智慧社区的建设进度。再次，政府的指导缺乏实用性。政府指导过于技术化，未能结合实际需求，导致智慧社区建设流于形式，难以突破现有困境。最后，各社区系统的开放性不足。由于缺乏政府的统一规划和指导，各社区信息资源无法共享，导致各社区部门的建设各自为政，缺乏横向协同和纵向合力。

政府过程在智慧社区的建设中应注重优化智慧社区的整体架构和全面规划，制订出相应的政策和措施来规范社区建设，同时还需引导并推动企业以及社区居民参与其中。国外智慧社区的建设是在相关政策与战略指导下进行的，并且无一例外地将其上升到国家战略高度，以指引各地区、城市智慧社区的建设工作顺利开展。以美国政府为例，在鼓励科技企业积极参与智慧社区建设的过程中，将自身从基础的建设事务中抽离出来，专注于更高层面的发展，完成顶层的设计，规划未来的发展方向。政府逐渐重视网络信息技术的应用，关注相关标准和规范的制定，并陆续出台了一系列的政策，为智慧社区服务体系的构建打下坚实的基础，提供有力的保障。2019年浙江省两会将"未来社区"首次写入《政府工作报告》，同年4月省政府正式颁布相关政策，为浙江智慧社区的未来建设和发展制定明确且可行的工作目标，提出后续的建设要求，提出"139"顶层设计，勾勒出浙江未来社区建设的多个场景。总的来讲，就是围绕人民美好生活的建设为核心，重视生态化、人本化、数字化等价值坐标体系的构建，基于绿色集约、和睦共治、智慧共享为发展内容，展现高品质的生活水平，建设教育、邻里、创业、健康、交通、建筑、服务、低碳与治理等场景集于一体的智能化集成系统，建设体现较强舒适感、归属感、未来感的智能化城市功能单元，为人类的全面发展提供支持，为社会的快速进步创造条件。

（二）以人为本的践行者

一切发展都是为了满足人民美好生活需要。政府在推进智慧社区建设中应紧紧围绕"提高保障和改善民生水平"的民生导向，坚持以人为本、以人民群众需求为核心的发展理念，做到在社区范围内满足一个人"从出生到死亡"的全部需求。在新基建技术环境下，社区治理不再仅仅局限于解决社区安全及物业管理问题，政府通过顶层设计，可以让智慧社区向下深入家庭智能，向上对接智慧城市，构建出良性运营的新型社区形态。通过"互联网+"，打造线上线下相融合的"15分钟社区生活圈"，提升服务配套设施，优化社区服务中心的公共空间建设，构筑社区综合服务平台，建立覆盖社区全体成员，服务功能完备、服务主体多元、服务品质卓越的社区智慧生活服务体系，充分发挥政府、社会和市场在社区服务中的作用，不断满足社区居民群众"就近便利"的多层次、多元化和多样化的物质、文化、生活需求。

一切发展都要依靠人民群众的集体力量。社区是沟通党和政府与人民群众的桥梁和纽带，单靠社区组织和政府的力量是无法持久的，需要社会组织和社区居民等多方力量共同参与。政府应重视发挥市场化力量，增强社会主体参与，形成共建共营共享的良好生态。通过建立政府与社会良性互动的协同治理机制，引导驻社区集团企事业单位开放内部资源、承接社区建设项目、完善内部建设等方式方法形成共建合力；吸引社会资金投入，形成社会各方共建共享幸福社区的生动格局；壮大社区志愿者服务队伍，通过建立起各种"志愿者服务站"，把有各种专长的志愿者，特别是青年志愿者引入社区，为居民提供各种社区服务；建立居民自治服务平台，并实现与网格化信息平台的信息对接和共享。智慧社区运营的核心是社区群众，在应对自然灾害时，每一个用户都是防灾减灾和灾后重建中的参与者，通过社区居民共同参与，居民自主上报受灾情况，保障灾情信息快速收集和传递，有效降低社区受灾和灾害风险。政府应建立社区互动平台，利用信息化手段完善社区居民参与网上投票、民主选举和社区治理等，让老百姓积极踊跃地参与到基层治理，形成社区领导、干部推动、群众参与的新格局。

（三）数据驱动的使能者

需要明确的是，智慧社区这一概念的提出主要受到智慧城市建设大环境的影响，然而其实际运作的时间相对较短，未来仍有很长的一段路要走。基于管理层级的角度来说，横向涉及城管、政法、公安、社保等部门，纵向包含各省、各市、各区县、各街镇、各社区机构、各物业管理部门、居民等主体。然而，由于历史原因，各管理部门负责采集和应用各自专业领域的信息，导致各个主体之间的技术、指标和接口等都存在较大的差异。对于网络信息资源来说，基本表现出点、线的管理状态，各个系统的资源共享仅限于内部，跨部门、跨机构的信息共享困难形成了"信息孤岛"的现象。据相关资料显示，在应对城市内涝灾害时，每天花费在报表填写上的时间非常多，信息的数据网格化始终未能实现，导致浪费大量的人力成本和资源成本。实践证明，信息资源共享不畅会直接影响智慧社区的建设进程，除了会干预居民的体验效果之外，还会对政府的职能发挥和角色定位产生消极的作用。

智慧社区的核心是数据驱动和优化的社区，政府要以数据为关键要素，推动以数据驱动和优化社区建设，要下大气力促进数据共享、融合和开放，促进业务协同，构建更加开放、更加共享、更加敏捷的政府模态。资料显示，在近年来的城市交通管理中，交通管理部门联合地图服务提供商和社交媒体平台共同完成交通信息的共享，对交通流量和拥堵情况进行实时显示，真正实现了数据资源的大范围共享，是一个很好的案例，具有一定的参考价值和借鉴意义。为了消除信息孤岛现象，实现信息在不同层级的流通，保证信息安全，作为政府和各个行业的参与主体，应当共同制定数据共享标准，并明确相关的操作规范。通过实时共享的数据，深入了解当前的民生事件，利用智能分析完成信息的精准推送。根据事件的危害程度、紧急程度、重要程度、职责等进行信息分类，选择合适的推送对象，确保问题能够快速、有效地得到妥善解决。

（四）开放创新的引领者

随着云计算、大数据、物联网、移动互联网等互联网技术的快速发展和各种智能终端设备的广泛应用，当前社会已经进入即时互动的新媒体时代，不仅实现了信息技术的变革，也改变了人们的思维方式和生活理念。新媒体时代的居民有着较强的社会治理参与意愿，希望打破政府与民众之间信息严重不对称的壁垒，进而可以对政府部门的社会治理效能进行监督。同时，新型基础设施建设的发展促进了企业增值服务能力的迅速增长，很多企业在公共服务领域的服务能力已经超越了政府，当前各基层政府面临着进一步激发和充分利用企业的公共服务能力，实现城市社区治理的现代化和精细化，创建开放、共建、共享的城市社区治理模式，以应对政府公信力不断提升的挑战。因此，在智慧社区的建设与发展过程中，政府应保持开放的态度，勇于创新，特别是在当今的互联网时代、大数据时代和数字经济时代，政府需要抓住技术创新、产业创新、应用创新、模式创新的重要机遇，实现自身的业务创新、管理创新和服务创新。

一方面，实现政务平台的深度融合。对当前建设的数字化社区管理和服务等基础设施进行合理应用，依据统一的原则和标准，对电子政务资源进行分类，整合现有的建设成果。对现阶段分散的公共数字化资源、服务设施、管理手段等进行集中，简化操作流程，避免再次出现信息资源的单位分割、部门分割、层级分割等现象，真正对数字化差异与损耗进行消除，整合大规模的社区数字化资源，实现社会管理的初步统一，构建系统完善的信息服务系统。另一方面，应该重视政务流程的优化与升级。应该结合本地的数字化水平，考虑现阶段的社会发展需求，对现行的管理体制进行改革，对现有的管理机制进行优化，对现有的管理方式进行创新。针对这一问题，需要选择联合执法体制进行合理运用，对社区管理程序进行优化升级。应该对各部门的职能职责进行明确，对不同部门之间的关系进行梳理，重视指挥和监督的统一，充分体现协同效应的影响力。需要在原有的管理流程基础上进行再造，对管理运作的步骤进行改善，重视案卷建立、信息收集、任务处理、任务派遣、核实结案、处理反馈、综合评价等工作的开展。

参考文献

一、中文文献

（一）著作类

［1］蔡大鹏. 智慧社区建设及发展范例［M］. 北京：军事医学科学出版社，2014.

［2］王喜富，陈肖然. 智慧社区——物联网时代的未来家园［M］. 北京：电子工业出版社，2015.

［3］何增科. 中国社会管理体制改革路线图［M］. 北京：国家行政学院出版社，2009.

［4］郭小建主编. 社区治理［M］. 西南交通大学出版社，2018.

［5］陈元刚，秦雷，漆晓均. 重庆市社区养老服务保障系统建构［M］.2012.

［6］［美］珍妮特·V.登哈特，罗伯特·B.登哈特. 新公共服务，而不是掌舵（第3版）［M］. 丁煌译. 北京：中国人民大学出版社.2016.

［7］［德］哈肯（Haken，H.）高等协同学［M］. 郭治安译. 北京：科学出版社.1989.

［8］［美］戴维·奥斯本，特德·盖布勒. 改革政府［M］. 周敦仁译，上海：上海译文出版社，2006.

［9］［美］罗伯特·D. 帕特南. 流动中的民主政体：当代社

会中社会资本的演变［M］.李筠，王路遥，张会芸译.北京：社会科学文献出版社，2014.

［10］［美］R.S.林德，H.M.林德，米德尔敦.当代美国文化研究［M］.盛学文等译，北京：商务印书馆，1999.

［11］［荷］范迪克.新兴经济中的城市管理［M］.姚永玲译.北京：中国人民大学出版社.2006.

［12］参见全球治理委员会.我们的全球伙伴关系［M］.牛津大学出版社.1995.

［13］［英］莱恩.新公共管理［M］.赵成恩等译.北京：中国青年出版社，2004.

［14］［美］曼纽尔·卡斯特.网络社会的崛起［M］.夏铸九译，社会科学文献出版社，2006.

［15］［法］皮埃尔·卡蓝默.破碎的民主试论治理的革命［M］.高凌译.上海：三联书店，2005.

［16］［英］格里·斯托克.作为理论的治理：五个论点［M］.华夏风译，国际社会科学杂志（中文版），1999.

（二）期刊类

［1］朱喜群.国外城市社区权力研究的理论观察［J］.国外社会科学，2018（2）:28-35.

［2］俞可平.社会管理最佳状态是善治应促进公平正义［J］.理论参考，2012（01）:6.

［3］宋煜.社区治理视角下的智慧社区的理论与实践研究［J］.电子政务，2015（06）:83-90.

［4］宋红红，方甜，徐乔，陈江，邵春蕾."互联网＋社区"治理模式创新问题研究——以国内典型智慧社区为例［J］.中国商论，2017（06）:167-169.

［5］陈敏.基于智慧城市的绿色智慧社区建设规划研究［J］.建设科技，2018（01）:68-69.

［6］秦思雨，吕承文.互联网背景下城市社区治理创新的案例分析研究［J］.决策咨询，2019（01）:65-70.

［7］谢晓光，公为明.公民参与治理的"协同效应"析论［J］.人民论坛，2014（23）:28-31.

［8］王伟进，李兰，沈和.社区多元共治机制建设路径——基于江苏太仓系列实践的考察［J］.行政管理改革，2018（07）:67-73.

［9］夏建中.从社区服务到社区建设、再到社区治理——我国社区发展的三个阶段［J］.甘肃社会科学，2019（06）:24-32.

［10］张邦辉，吴健，李恬漩.再组织化与社区治理能力现代化——以成都新鸿社区的实践为例［J］.中国行政管理，2019（12）:65-70.

［11］阎祥东，吴守荣，王程程，陈剑.街区化背景下的新型智慧社区建设研究［J］.建筑经济，2017，38（03）:77-80.

［12］李军治.智慧社区现状与趋势［J］.中国物业管理，2014（01）:46-48.

［13］马惠林.新思维运营智慧社区［J］.中国公共安全，2014（Z2）:76-78.

［14］聂磊."互联网＋"背景下的社区云服务的核心与趋势［J］.上海行政学院学报，2017，18（06）:14-18.

［15］陈林星.智慧社区、智慧家居是智慧城市的基本体现［J］.中国建设信息化，2018（13）:24-25.

［16］陈跃华.加快智慧社区建设 破解社区治理难题［J］.人民论坛，2019（02）:60-61.

［17］何遥.智慧社区的现状与发展［J］.中国公共安全，

2014（Z2）:70-75.

　　［18］吴胜武.关于智慧社区建设的若干思考［J］.宁波经济（三江论坛），2013（03）:7-9+6.

　　［19］柴彦威，郭文伯.中国城市社区治理与服务的智慧化路径［J］.地理科学进展，2015，34（04）:466-472.

　　［20］叶林，宋星洲，邵梓捷.协同治理视角下的"互联网+"城市社区治理创新——以G省D区为例［J］.中国行政管理，2018（01）:18-23.

　　［21］黄一倬，张天舒.国内外智慧社区研究对比与反思：概念、测评与趋势［J］.现代管理科学，2019（07）:63-65.

　　［22］王京春，高斌，类延旭，方华英，高飞.浅析智慧社区的相关概念及其应用实践——以北京市海淀区清华园街道为例［J］.理论导刊，2012（11）:13-15.

　　［23］史柏年.治理：社区建设的新视野［J］.社会工作，2006（07）:4-10.

　　［24］姜晓萍.国家治理现代化进程中的社会治理体制创新［J］.中国行政管理，2014（02）:24-28.

　　［25］陆世宏.协同治理与和谐社会的构建［J］.广西民族大学学报（社会科学版），2006（06）:109-113.

　　［26］蔡延东.从政府危机管理到危机协同治理的路径选择［J］.当代社科视野，2011（11）:31-35.

　　［27］张贤明，田玉麒.论协同治理的内涵、价值及发展趋向［J］.湖北社会科学，2016（01）:30-37.

　　［28］李汉卿.协同治理理论探析［J］.理论月刊，2014（01）:138-142.

　　［29］陈庆云，鄞益奋，曾军荣，刘小康.公共管理理念的跨越：从政府本位到社会本位［J］.中国行政管理，2005（04）:18-22.

［30］张康之，张乾友.民主的没落与公共性的扩散——走向合作治理的社会治理变革逻辑［J］.社会科学研究，2011（02）:55-61.

［31］徐晓林，刘勇.数字治理对城市政府善治的影响研究［J］.公共管理学报，2006（01）:13-20.

［32］韩兆柱，单婷婷.网络化治理、整体性治理和数字治理理论的比较研究［J］.学习论坛，2015（07）:44-49.

［33］韩兆柱，马文娟.数字治理理论研究综述［J］.甘肃行政学院学报，2016（1）:23-35.

［34］陈水生.新公共管理的终结与数字时代治理的兴起［J］.理论导刊，2009（04）:91-101.

［35］赵石强.数字时代的整体性治理理论及其启示［J］.重庆科技学院学报（社会科学版），2011（15）:39-41.

［36］夏建中.治理理论的特点与社区治理研究［J］.黑龙江社会科学，2010（02），125-130。

［37］王艳丽.城市社区善治思考［J］.广东工业大学学报（社会科学版），2013，13（05），55-60.

［38］刘娴静.多维架构中社区组织与权力网络整合研究［J］.学理论，2013（29）:60-62+111.

［39］高文娟，陈晔，龚兵，刘遐龄，赵婷婷.基于 RFID 的三维 GIS 智慧小区应用平台建设研究［J］.测绘与空间地理信息，2017，40（12）:60-63.

［40］郭圣莉.国家的社区权力结构：基于案例的比较分析［J］.上海行政学院学报，2013，14（06）:80-93.

［41］张振波.论协同治理的生成逻辑与建构路径［J］.中国行政管理，2015（01）:58-61+110.

（三）论文集

［1］徐宏炜.智慧社区建设背景下的基层社会治理研究——以江苏路街道为例［C］.上海交通大学 2014:45-46.

（四）学位论文

［1］徐宏炜.智慧社区建设背景下的基层社会治理研究［D］.上海交通大学，2014.

（五）报告

［1］中华人民共和国住房和城乡建设部.智慧社区建设指南（试行）［R］.2014.

（六）报纸类

［1］中共中央关于坚持和完善中国特色社会主义制度 推进国家治理体系和治理能力现代化若干重大问题的决定［N］.《人民日报》，2019-11-06（001）.

［2］习近平.决胜全面建成小康社会 夺取新时代中国特色社会主义伟大胜利［N］.《人民日报》，2017-10-28（001）.

［3］习近平.高举中国特色社会主义伟大旗帜 为全面建设社会主义现代化国家而团结奋斗［N］.《人民日报》，2022-10-26（001）.

二、外文文献

（一）期刊类

［1］Skorupinska A，Torrent-Sellens J. The role of ICT in the

productivity of Central and Eastern European countries:cross-country comparison ［J］.*Revista de Economia Mundia*，2015（39）.

［2］Clément Nicolas，Jinwoo Kim，Seokho Chi. Quantifying the Dynamic Effects of Smart City Development Enablers Using Structural Equation Modeling ［J］.*Sustainable Cities and Society*，2019，53.

［3］Coe，A.，Paquet，G.，Roy，J.E-Governance and Smart Communities: A Social Learning Challenge. Journal on Social Science Computer Review ［J］.*Social Science Computer Review*，2001:19.

［4］Hendriks F. Understanding good urban goverance:Essentials，shifts，and valus ［J］.*Urban Affairs Review*，2013.

［5］Helen Schneider，Nonhlanhla Nxumalo. Leadership and governance of community health worker programmes at scale: a cross case analysis of provincial implementation in South Africa ［J］.*International Journal for Equity in Health*，2017，16（1）.

［6］Jackie Phahlamohlaka，Zama Dlamini，Thami Mnisi，Thulani Mashiane，Linda Malinga. Towards a Smart Community Centre: SEIDET Digital Village ［J］.*Ifip Advances in Information & Communication Technology*，2014:8.

［7］Weijun Gao，Liyang Fan，Yoshiaki Ushifusa，Qunyin Gu，Jianxing Ren. Possibility and Challenge of Smart Community in Japan ［J］.*Procedia - Social and Behavioral Sciences*，2016，216.

［8］Wei Sifan，Kuang Fuchun，Guo Zijing，Ren Bing. Research on Public Space Optimization of Intelligent Community based on User Requirements ［J］.*Journal of Physics: Conference Series*，2021，1756（1）.

[9] Aguinis, H.andGlavas, A, What We now and Don't Know about Corporate Social Responsibility: A Review and Research Agenda [J], *Journal of Management*, 2012, 38（4）:932-968.

（二）论文集

[1] Anthopoulos L, Fitsilis P. From Online to Ubiquitous Cities:The Technical Transformation of Virtual Communities [C]. International Conference, 2009:360-372.

[2] Augusto J C. Past, Present and Future of Ambient Intelligence and Smart Environments [C]. Icaart 2009.Proceedings of the International Conference on Agents and Artificial Intelligence, Porto, Portugal, 2009:11-18.

后　记

在信息技术的迅猛发展和国家治理现代化的推动下，智慧社区作为城市治理创新的前沿阵地，迎来新的发展契机。未来，我国智慧社区的建设将在科技与政策的双重驱动下，不断迈向繁荣。物联网、大数据、人工智能等技术的深度融入，将推动社区治理向更加精细化、个性化方向发展，居民需求的响应也会变得更加即时。与此同时，国家对智慧社区的重视和政策扶持将持续加强，通过完善的政策体系和保障措施，推动智慧社区的标准化建设和数据安全管理，为其可持续发展奠定坚实基础。

在整个研究过程中，笔者得到了许多同仁的支持与帮助。特别感谢南京理工大学范炜烽教授，他在数字政府与基层治理研究上的深厚见解，为研究指明了方向。同时，也要感谢博士研究生罗鹏、邸允庆，以及硕士研究生代锐婷、吕琪、王春燕、何倩仪和杨明暄，他们在调研和数据整理等环节给予了有力的支持与宝贵的建议。

在此，向所有为此研究贡献力量的同仁们表示由衷的感谢。

尽管研究在理论与实践结合方面进行了深入探讨，但由于涉及领域广泛，难免会有不尽完善之处。希望广大读者在批评指正的同时，也能从中得到启发，并为智慧社区建设领域贡献更多的智慧与力量。